D1727644

Joachim Schiller • **Der Sandriese**

Der Autor

Joachim Schiller ist 1930 in Särchen/Niederlausitz geboren. 1950 Abitur in Lucken-walde. Studium in Berlin Ost und West 1951 bis 1957. Studienrat von 1960 bis 1971 in Berlin-Kreuzberg. Von 1972 bis 1992 Leiter eines Studienseminars in Berlin-Wilmersdorf, von 1992 bis 1995 in Berlin-Friedrichshain.

Freiberuflich war der Autor über 15 Jahre für den RIAS-Kinderfunk und verschie-dene westdeutsche Sender tätig. Ab 1970 galt seine publizistische Tätigkeit überwie-gend bildungspolitischen Fragen bzw. Problemen der Schulgeschichte, u. a. Studie „Schülerselbstmorde in Preußen - Spiegelung des Schulsystems ?" (1992) sowie - ab 1988 - Veröffentlichungen zur deutsch-deutschen Schul- und Bildungssituation.

Der Autor hat die Geschichten nach seiner Pensionierung ausgewählt und überar-beitet, da sie ursprünglich zum Hören gedacht waren. Eine Veröffentlichung hat er selbst nicht mehr erlebt. Er ist mit 69 Jahren Anfang des Jahres 2000 verstorben.

Der Zeichner

Harry Schönberg wurde 1951 geboren. Er lebt und arbeitet in Finsterwalde/Nieder-lausitz als Kung Fu-Lehrer (WING TSUN). Bereits in früher Jugend entdeckte er als Autodidakt die Liebe zum Zeichnen und Malen.

Nebenberuflich zeichnete er u. a. für den „Eulenspiegel", schuf Illustrationen für den Finsterwalder Heimatkalender, fertigte Karikaturen für den „Finsterwalder Wochenkurier", entwarf Bühnendekoration (Karnelval, Kindermusical „Pieps & Platsch" der Finsterwalder Spatzen u. a.) sowie kleine Märchenbücher („Elfriede, das kleine Nachtgespenst", Malheft für „Pieps & Platsch").

Mehrere Jahre leitete der Zeichner einen Zeichenzirkel in der Schule Nord Finster-walde. Für Harry Schönberg ist das Zeichnen ein Ausgleich zu seinem Beruf als Kampfkunstlehrer.

Joachim Schiller

Der Sandriese

und andere märchenhafte Geschichten

aus dem **RIAS** -Kinderfunk Berlin

Mit Bildern von Harry Schönberg

Dieses Buch wurde freundlicherweise vom
Finsterwalder Sängerstadtmarketing e. V.
und Dr. Nagelschmidt, Roman & Kollegen,
Rechtsanwälte und Notar, Berlin, unterstützt.

Für Felix & Simon

ISBN 3-8334-1360-3
© 2004 Sebastian Schiller, Berlin
Alle Rechte der Verbreitung, auch durch Film, Funk und Fernsehen,
fotomechanische Wiedergabe, Tonträger, elektronische Datenträger
und auszugsweisen Nachdruck, sind vorbehalten.
Der Abdruck der RIAS-Wort- und Bildmarke erfolgt mit freundlicher
Genehmigung der Freunde der Rias Big Band e. V., Berlin.
Illustrationen: Harry Schönberg, Finsterwalde
Satz: Sebastian Schiller
Herstellung und Verlag: Books on Demand GmbH, Norderstedt
Printed in Germany

*Die Schreibweise entspricht den Regeln
der neuen Rechtschreibung*

Inhalt

Vorworte

Fast ein halbes Jahrhundert ist vergangen seit der ersten Begegnung mit einem jungen Autor im RIAS-Kinderfunk - und doch kann ich mich gut daran erinnern. Ich konnte seine Geschichte vom „Karpfen Kullerauge" zu Silvester 1955 ins Programm setzen.

Der Verfasser nannte sich Werner Walter, aber warum er nicht unter seinem wahren Nachnamen an die Öffentlichkeit gehen wollte? Aus Bescheidenheit, um nicht den Eindruck zu erwecken, dem großen Kollegen *Schiller* Konkurrenz machen zu wollen?

Kurz, dem „Karpfen Kullerauge" folgten viele weitere Geschichten, Hörspiele und Buchbearbeitungen, später auch Märchen. So wurde (Werner Walter) Joachim Schiller eine Art „Haus-Autor" beim RIAS-Kinderfunk.

Und daran denkt gerne zurück die langjährige Chefredakteurin.

Renate v. Gebhardt

Märchen sind ein fester Bestandteil unserer Kinderjahre; sei es als Zuhörer oder Leser. Beides fesselt große und kleine Kinder. Wobei als angehender Leser vielleicht von Vorteil ist, das Tempo und damit den Spannungsbogen selbst zu bestimmen. Bequemer, aber nicht minder spannend, ist es, im Familienkreis sitzend oder gebannt vor dem Radio hockend einer Erzählerstimme zu lauschen.

Im Rundfunk haben Märchen einen festen Sendeplatz und eine festgelegte Dauer. Das zumeist gute Ende der Geschichte ist somit absehbar. Wenn es allzu spannend wird, braucht man ja nicht hinzuhören! Viele Jahre gehörten Märchen und Geschichten zum regelmäßigen Kinderfunk-Programm des RIAS aus Berlin; Sonntags oder auch zu Feiertagen. Gegründet wurde der Sender von der amerikanischen Regierung am 7. Februar 1946. Nur wer einen Telefonanschluss besaß, konnte ihn überhaupt hören. Wenige Monate später war der Empfang dann auch über den Äther möglich. Der Sender wurde in RIAS („Rundfunk im amerikanischen Sektor") umbenannt und begleitete die Berliner fortan bei allen historischen Höhen und Tiefen. Nach der Wiedervereinigung wurde der RIAS in eine deutsche Trägerschaft überführt. Am 1. Januar 1993 schließlich ist er im DeutschlandRadio Berlin aufgegangen.

Die nachfolgenden Märchen stammen aus einer losen Reihe des RIAS-Kinderfunks, die seit Silvester 1955 bis Ende der sechziger Jahre von meinem Vater Joachim Schiller mit (Vor-) Lesestoff versorgt wurde. Die Sendedauer betrug zwischen 15 und 30 Minuten. Einst aus der Freude am Schreiben und eher zufällig entstanden, verbesserte er dadurch sein kleines Einkommen während der Studien- und ersten Berufsjahre. Zahlreiche Manuskripte, zum Teil als Hörspielfassung, und selbst ihre Sendetermine sind erhalten geblieben.

Viel Vergnügen beim (Vor-) Lesen; sei es im großen oder kleinen Kreis, mit Kind, Enkel oder Enkelin oder ganz entspannt ... alleine.

Sebastian Schiller

„Kannst du mir eine Geschichte erzählen?", fragt wenigstens einmal in der Woche die Stimme eines kleinen Jungen in der Abendgrußsendung „Zappelduster" beim Rundfunksender Antenne Brandenburg des rbb. Die Antwort der freundlichen Sprecherin ist dann immer eine gut vorgetragene Geschichte, oft ein Ausschnitt aus einem modernen Kinderbuch, manchmal eine Sage, meist aber ein kurzes Märchen.

Auch die hier versammelten acht Märchen wurden im Rundfunk gesendet, ja sie wurden sogar eigens für das Radio geschrieben. Allerdings liegt ihre Sendezeit nunmehr schon weit über 35 Jahre zurück. Die Generation der Hörer ist längst den Kinderschuhen entwachsen. Ob sich der ein oder andere Lauscher am Radio, gleichgültig ob sein Empfangsgerät damals im Westen oder Osten stand, in all den Jahren manchmal an den vom Luftikus zum pflichtbewussten Regenmacher gewandelten Sebastian oder an den rettenden Klabautermann erinnerte?

Der Rundfunk ist ein flüchtiges Medium, deshalb hat der Herausgeber Sebastian Schiller gut daran getan, die Märchen, die sein Vater Joachim Schiller zwischen 1956 und 1968 schrieb, nunmehr in beständiger Druckerfarbe als Buch zu veröffentlichen. Es wäre freilich schon begrüßenswert, die Märchen allein aus medien- oder zeithistorischen Gründen schriftlich zu dokumentieren, aber darum geht es hier weniger. Die Geschichten selbst verdienen es, nicht in Vergessenheit zu geraten. Es sind Märchen in dem humanistischen Sinne, dass natürlich das Gute siegt, sich aber dabei nicht der Mittel des Bösen bedient, es sind Märchen, die geradlinig erzählt werden, in denen nicht ausufernde und rasch wechselnde Fantasieeffekte die Fantasie des Hörers erschlagen; es sind Märchen, die gekonnt alle Ingredienzien des Genres wie Spannung, die harmlos naive Liebesgeschichte, Humor, Wunderhaftigkeit oder die Bekehrung des Irregeführten, ja selbst des Bösen, enthalten und es sind Märchen, die durch ihre der literarischen Tradition verpflichtete, jedoch alles andere als antiquierte Sprache einfühlsam, verständlich und poesievoll zu Herzen und Verstand gehen.

Mit Harry Schönberg wurde ein Illustrator gewonnen, dessen Abbildungen den fesselnden, aber trotzdem unaufgeregten Erzählton in humorvolle, klare und der Fantasie raumgebende Bilder übersetzen.

Es ist schön, dass die Märchen Joachim Schillers durch die vorliegende Buchausgabe nun für jedermann nachzulesen sind. Ob sie jemals wieder in dem zunehmend auf Quoten ausgerichteten und deshalb meist nur knappe Wortbeiträge gestattendem Medium Rundfunk gesendet werden, bleibt leider nur zu hoffen. Für Sie aber, liebe Leser, könnten sie den geeigneten Erzählstoff bilden, wenn Kinder oder Enkel bitten: „Kannst du mir eine Geschichte erzählen?"

Dr. Rainer Ernst
Leiter des Kreismuseums Finsterwalde

Der Sandriese

Das Königreich Omarien ist hierzulande fast unbekannt. Das mag einmal auf seine Größe zurückzuführen sein. Es ist nämlich sehr klein. Zweitens steht an keiner Straße der Welt ein Schild, das auf Omarien hinweist, einfach deshalb, weil keine Straßen dort hinführen, sondern nur schlechte, kaum sichtbare Wege. Unwirtliche hohe Berge umsäumen es in weitem Abstand. Und zwischen diesen Bergen und dem Königreich findet sich nichts anderes als Kies und Sand, gelber Sand, der bei jedem Windstoß, sogar bei jedem Schritt aufgewirbelt wird. Das Königreich Omarien liegt nämlich mitten in einer großen Wüste, gleichsam wie ein Gänseblümchen, das in einem verdorrten Garten übrig geblieben ist.

Von nahem gesehen, ist es indessen ein herrlicher Garten mit vielen, vielen Dattelpalmen. Hirse und Weizen können zweimal im Jahr angebaut werden, Zwiebeln und anderes Gemüse sogar dreimal. Und am Rande des Königreiches, wo die Palmen immer kleiner werden, weiden an die dreihundert Schafe und hundert Kamele. Die Schafe liefern wunderbar weiche Wolle für die kostbaren Teppiche, die seit vielen Jahren von den Frauen und Mädchen geknüpft werden. Es heißt, dass manche Muster, die wie Tiere und Blumen aussehen, in Wahrheit uralten Abbildungen von Zaubersprüchen gleichen. Nur kann sie niemand mehr entziffern. Es wird erzählt, man müsste nur an bestimmten Fransen ziehen, dann gingen Wünsche in Erfüllung. Aber niemand weiß Genaueres, und alle Versuche, an den unzähligen Fransen der vielen Teppiche zu ziehen, die es in Omarien gab, blieben auch bei den schönsten Wünschen erfolglos. So begnügt man sich seit langem damit, sich an den merkwürdigen und farbenfrohen Mustern zu erfreuen und manches selbst erfundene Zeichen hineinzuknüpfen.

Prinzessin Fatima, die Tochter König Omars VII., arbeitet schon seit über einem Jahr an solch einem Teppich. Mit fünfzigtausend Gold-dukaten wäre er nicht zu hoch bezahlt, falls er je zum Kauf angeboten wird. Allerdings wird dieser Teppich niemals verkauft, was mancher bedauern mag, aber verständlich ist. Davon hören wir noch. Zunächst aber müssen wir uns mit dem Unglück befassen, das über das König-reich hereingebrochen ist. Tatsächlich schwebt es im Augenblick in Gefahr, vernichtet zu werden wie jenes einsame Gänseblümchen im verdorrten Garten, auf dem ein Elefant herumtrampelt. Und von dieser großen Gefahr ist hier vor allen Dingen zu berichten.

Um König Omar nicht zu erschrecken, der gerade mitten im Wüs-tensand sitzt und nachdenkt, soll das Ungeheuer, das das Königreich bedroht, nur ganz leise beim Namen genannt werden. König Omar bekommt nämlich immer ganz wunde Ohren, wenn er das Wort hört. Die über alle Maßen schreckliche Gefahr droht vom - Sandriesen. Vom Sandriesen! Ja! Er ist viel schlimmer als die fünf mächtigsten Riesen zusammengenommen, wie sie in den Märchenbüchern vor-kommen. Allerdings handelt es sich auch nicht um einen Riesen aus Fleisch und Blut. Nein! Er hat auch keinen Bart wie Rübezahl. Er besteht aus nichts anderem als aus - Sand! Aus reinem gelben Wüsten-sand! Genauer gesagt, ist der Riese ein gewaltiger Sandberg, eine Düne. Aber dieser Sandberg, diese Düne wandert. Es ist also eine

Wanderdüne! Und je stärker der Wind weht, der ihm, dem Riesen, oder ihr, der Düne, gleichsam Beine macht, desto rascher wälzt sich der Sandberg voran. Erst war er nur ein Sandhäufchen fern in der Wüste, dann entwickelte er sich zu einer kleinen Düne wie an der Ostsee. Dann wurde das schmale, dürre Ding immer größer und größer, bis es sich zu einer stattlichen Düne ausgewachsen hatte. Und die bekam bei einem gewaltigen Sturm, der von Norden her herangejagt kam, sozusagen kalte Füße und machte sich auf die Strümpfe. Sie begann ihre Wanderung, indem der Sand von ihrer Rückseite auf die Vorderseite geweht wurde. Und dabei wuchs sie mehr und mehr, bis schließlich der gewaltige Sandriese vor dem Königreich angelangt war.

Wenn man zu seinen Füßen steht, muss man den Kopf weit in den Nacken legen, um seinen Scheitel zu sehen. Und er ist so dick und breit wie zehn große Schulen. Fürchterlich! Alles, was ihm bisher auf seinem Weg begegnete, wurde restlos niedergewalzt und so platt wie Lesezeichen. Und nun steht der Riese vor den Toren Omariens, das genau auf seinem Wege liegt. Dreihundert Dattelpalmen sind bereits im Sand versunken. Das Korn duckt sich verzweifelt, aber ebenso vergeblich. Gerade indem es sich duckt, wird es noch rascher begraben. Die Zwiebeln schwitzen in der Hitze so, als lägen sie in einer Bratpfanne. Noch schlimmer aber ist der Verlust einer der fünf Quellen, die vor wenigen Tagen oder Nächten unter dem Sand verschwand. Seitdem sprudeln auch die vier anderen Quellen spärlicher. Von ihnen aber hängt alles Leben im Königreich ab: die Palmen genauso wie die Menschen, die Schafe und Kamele wie die Zwiebeln, die Kinder, die Eltern, Opa und Oma genauso wie König Omar und Prinzessin Fatima.

Soeben treffen die Ratgeber beim König ein, der noch immer an derselben Stelle im Wüstensand sitzt und nachdenkt, ohne dass er allerdings zu einem Ergebnis gelangt. Die Ratgeber lassen sich neben ihm nieder, aber niemand von ihnen möchte etwas sagen. „Herr König", beginnt schließlich Ali, der jüngste von ihnen, und dabei knirscht ihm Sand zwischen den Zähnen, „Herr König, die Not ist groß!"

„Sehr richtig", murmeln die anderen Ratgeber. Doch das wussten sie auch schon vorher.

„Wir müssten irgendein Mittel finden", fährt Ali nach einer Pause fort, „das den Sandriesen zwingt, innezuhalten, stillzustehen!"

„Ein trefflicher Gedanke", erwidert König Omar, „er ist mir allerdings auch schon gekommen. Leider weiß ich kein Mittel, das ihn zwingen könnte! Weiß einer von euch Rat?"

„Wir müssten Gras säen", ruft Ali und bekommt vor Aufregung rote Ohren. „Ich habe einmal gehört, dass auch ein solcher wandernder Sandriese gleichsam gefesselt werden kann, wenn man es schafft, dass das Gras wächst. Mit seinen Wurzeln hält es den Sand fest!"

„Gras! Gras! Gras!" schreien die anderen Ratgeber ungläubig und spöttisch. „Er will Gras säen! Gras auf nackten, trockenen Wüstensand. Das geht doch niemals auf. Der Wind weht den Samen fort!"

„Wir müssten den Sandriesen natürlich begießen", sagt Ali, den es betrübt, dass man ihn auslacht.

„Begießen! Er will den Sandriesen begießen!", schreit Hassan, der erste Ratgeber, und lacht, bis ihm die Tränen kommen. „Der Sand ist doch so locker, dass jeder, der den Sandriesen besteigen will, in ihm versinkt wie in einem weichen Kuchenteig!"

„Das stimmt wohl, lieber Ali", sagt der König mit matter Stimme.

„Selbst Gras kann uns nicht helfen, obwohl Gras ein guter Gedanke ist. Aber wir können es weder säen noch begießen. Der Sand ist zu weich!"

„Ali kann es uns ja vormachen", ruft Hassan, als Ali gerade antworten will. „Und wenn er dann wie eine Rosine im Kuchenteig in all dem Sand versinkt, fällt ihm vielleicht etwas Besseres ein!" Zwei andere Ratgeber lachen darüber wie über einen guten Witz. Die anderen schweigen und malen Figuren in den Sand.

Ali blickt sie der Reihe nach an, wendet sich dann dem König zu und sagt mit fester Stimme: „Herr König, ich habe Euch bisher treu gedient. Jetzt kann ich Euch aber weder raten noch anders helfen. Und deshalb bitte ich Euch augenblicklich um meine Entlassung. Ein Ratgeber, der keinen Rat mehr weiß, ist nichts wert!"

Diese Worte verfehlen ihren Eindruck nicht. Selbst Hassan wird still. Man hört nur, wie der feine Sand über den Boden geblasen wird. Hin und wieder blicken sie einander an, als hätten sie sich noch nie gesehen und wunderten sich nun darüber, was sie zusammengeführt hat. Einige kratzen sich am Kopf oder an den Füßen und gestehen endlich, dass sie auch keinen Rat wüssten. „Und deshalb bitten wir Euch, wenn auch ungern, gleichfalls um unsere Entlassung."

Allein Hassan und zwei andere Ratgeber machen finstere Gesichter und blicken trotzig drein.

„Papperlapapp", sagt der König nach einigem Bedenken, „jetzt, wo wir uns in größter Gefahr befinden, wird niemand entlassen, der darum bittet. Und weil sich Ali so große Mühe gegeben hat, uns zu helfen, ernenne ich ihn auf der Stelle zu meinem ersten Ratgeber!"

Alis Ohren werden rot wie glühende Kohlen.

„Aber ich kann Euch doch wirklich nicht helfen", stottert er dann.

„Wir sind nun mal nicht klüger, als wir sind", sagt König Omar.
„Und wenn uns auch heute nichts einfällt, so kann es doch morgen
geschehen!"

„Herr König! Herr König", ruft Ali in diesem Augenblick und greift
sich an den Kopf, „wie wäre es, wenn wir versuchten, den Sandriesen
mit Eimer und Schippe abzutragen?"

Hassan setzt schon wieder an, um ihm ein paar grobe Worte zu
sagen, doch blickt er freundlicher drein, als der König sagt: „Jawohl,
lieber Ali, der Meinung bin ich auch! Jeder vernünftige Mensch würde
das versuchen. Ich befehle deshalb kraft meines Amtes, dass alle
Bürger unseres Königreiches, die kräftig genug sind, unverzüglich
zum Sandriesen eilen und ihm zu Leibe rücken. Unser Leitspruch
lautet: Weg mit dem Sandriesen!" Damit ist die Ratsversammlung
aufgehoben.

„Wir müssen den Sandriesen von einer Seite des Königreiches auf
die andere tragen", erklärt der König dem Volk, das mit Schippen und
Eimern herbeigelaufen ist. „Es genügt nicht, den Sand gleich neben
dem Sandriesen auszuschütten, denn der Wind bläst ihn dann ja auch
in das Königreich und verschüttet es. Wir müssen, ob wir wollen oder
nicht, die Mühe auf uns nehmen und ihn durch ganz Omarien schleppen."

„Das geht schon in Ordnung", sagen viele. „Das schaffen wir schon.
Dem Sandriesen helfen wir so auf die Sprünge, dass ihm Hören und
Sehen vergeht!"

Fast alle sind frohgemut. Die Schaufeln fahren in den Sand, als gilt
es das Leben. Und das gilt es ja wohl auch. Die gefüllten Eimer wandern von Hand zu Hand, und auf der anderen Seite des Königreichs
werden sie in einem großen flachen Tal, dem sogenannten Tal der

Tränen, ausgeleert. Die leeren Eimer wandern wieder zurück.

Mit diesem trostlosen Tal der Tränen hat es folgende Bewandtnis: Einstmals soll eine schöne Prinzessin hier von Räubern gefangen gehalten worden sein. Das Königreich mit seinen fünf Quellen gab es damals noch nicht. Und so hatte die Prinzessin außer Sand kaum etwas zu beißen. „Du wirst es schon eine Weile aushalten," sagten die Räuber, die selbst auch Hunger und Durst hatten. „hab dich also nicht so! Wir müssen warten, bis unser Bote von deinem Vater zurück ist und das Lösegeld bringt."

Die Prinzessin soll an diesem Tag tausend Tränen geweint haben, die im Sand versickerten. Schließlich schalt sie sich eine Heulsuse und beschloss, etwas zu unternehmen, wenn es nur irgend ging. Und sie sah, dass die Räuber schliefen. Bis auf einen. Der hielt Wache bei den Kamelen. An diesen schlich sie sich leise heran, streute ihm blitzschnell Sand in die Augen, von dem es ja genug gab, sprang auf ein Kamel und ritt davon.

Der Anführer der Räuber erwachte als erster und rannte ihr nach, konnte sie aber nicht mehr einholen. Darüber war er so zornig, dass er mehrmals mit dem rechten oder linken Fuß, keiner weiß darüber Genaueres, aufstampfte, und jedes Mal wirbelte etwa nicht nur eine Sandwolke empor, sondern es brach eine Quelle aus dem Boden hervor, und so entstand das Königreich Omarien. Die Räuber dachten nämlich nicht mehr an eine Verfolgung der Prinzessin, vielmehr ließen sie sich gleich häuslich nieder. Das Wasser machte sie reich, denn in der Wüste ist es wertvoller als Gold und Edelsteine.

Später soll übrigens der Anführer der Räuber, der Omar hieß, um die Hand der Prinzessin angehalten haben. Natürlich musste er erst schwören, der Räuberei fortan zu entsagen. Aber davon wollte er ohnehin längst nichts mehr wissen. Die Prinzessin, die seinerzeit wohlbehalten das väterliche Schloss erreicht hatte, fand Gefallen an ihm und folgte ihm schließlich in das neue Königreich mit den fünf Quellen, die noch kräftiger sprudelten, als sie eintraf. Inzwischen hatte sich auch die Einwohnerzahl erheblich vermehrt, so dass viele Hände da waren, um Palmen zu pflanzen, Korn und Zwiebeln zu säen und Schafe zu züchten. So verdankte das Königreich sein Entstehen eigentlich der Prinzessin, doch wurde es nach dem Namen des Anführers Omarien genannt. Fatima, so hieß jene schöne Prinzessin, die nun Königin war, knüpfte aus der Schafswolle alsbald einen Teppich. Und da die einstigen Räuber aus den verschiedenen Pflanzen, die sie anbauten, herrliche Farben gewannen, leuchtete er mit jenen geheimnisvollen Zeichen wie ein herrliches Blumenbeet. Und seitdem wurden viele hundert Teppiche geknüpft und in alle Welt verkauft. Der Teppich, an dem im Augenblick die Tochter König Omars VII. arbeitet, zeigt noch immer dieselben Muster, ob sie nun Zauberkraft haben oder nicht. Natürlich ist es kein Zufall, dass sie auch Fatima heißt.

Inzwischen wanderten die Eimer von einer Seite des Königreiches zur anderen. Im Tränental bildete sich schon ein kleiner Hügel, und die, die ihn jetzt sehen, glauben bereits, dass sie den Sandriesen besiegt haben. Diejenigen aber, die ihm von Angesicht zu Angesicht gegenüberstehen, sind weit weniger zuversichtlich, denn noch immer erhebt er sich wie ein Ungeheuer vor ihren Augen. Zwar sind weit über tausend Eimer Sand weggeschafft worden, doch tausend Eimer Sand liegen noch da. Nur neun von den dreihundert verschütteten Palmen sind freigelegt worden. Nur 37 Zwiebeln konnten geborgen werden. Mehr nicht.

„Wir wollen hoffen", erklärt König Omar VII. am Abend im Kreis seiner erschöpften Ratgeber, „wir wollen hoffen, dass wir morgen weiter vorankommen!"

Ali, der erste Ratgeber, betrachtet müde die Blasen an seinen Händen, die durch das Eimertragen und -weiterreichen entstanden sind, und seufzt: „Ja, das wollen wir hoffen, Majestät, aber ich fürchte, ich fürchte, eher werden wir das Tränental zuschütten, als dass wir den Sandriesen besiegen."

„Das sagt er nur, weil er sich vor der Arbeit drücken will", murmelt Hassan mit einem bösen Blick auf Ali. Auch er hat den ganzen Tag über arbeiten müssen. Der König hatte ihn und die beiden Ratgeber, die Ali nicht wohlgesonnen waren, gleich zu Beginn zu sich herangewinkt und ihnen bedeutet, nur immer ja in seiner Nähe zu arbeiten, „damit ich mich darüber freuen kann, wie fleißig ihr seid". Natürlich nahmen ihm das die drei übel, aber noch wütender waren sie auf Ali. Deshalb wiederholt Hassan jetzt immer wieder: „Ali will sich bloß vor der Arbeit drücken!" Doch der König befiehlt ihnen, endlich zu schweigen. Dann ermuntert

er Ali, in seiner Rede fortzufahren.

„Ich befürchte", sagt Ali nun, „dass es uns nicht gelingt, den Sandriesen wegzutragen. Die Quellen sprudeln übrigens auch immer
spärlicher. Deshalb meine ich, Herr König, Ihr müsst Euer Volk in
Länder jenseits der großen Berge führen, wo es mehr Wasser gibt und
wo es sogar öfter einmal regnen soll, sofern es uns in den nächsten
Tagen nicht gelingt, der Gefahr Herr zu werden."

„Wir verlassen unser Land nie und nimmer!", schreit Hassan und
springt auf, als habe ihn ein Floh in den linken kleinen Zeh gebissen.

„Wir dürfen uns und unsere Kinder nicht in Gefahr bringen", gibt
der König zu bedenken. „Wenn wir den Sandriesen nicht besiegen
können, dann geht hier alles zugrunde. Das meint Ali, der erste Ratgeber."

„Wenn Ali überhaupt denkt, denkt er doch nur an sich!", behauptet
Hassan, und seine beiden Freunde stimmen ihm sofort zu: „Wir sind
und bleiben in Omarien, und ein Feigling ist der, der es verlassen
will!" Gleich darauf schlafen sie aber vor Erschöpfung ein, und so
bemerken sie gar nicht, dass sie vom König als Ratgeber abgesetzt
werden.

„Auch wenn ich Hassans Rat immer schätzte, kann ich nicht dul-
den, wie er jetzt spricht. Auf keinen Fall darf mein Volk in Gefahr
geraten, und so bin ich bereit, wenn es gar nicht anders geht, alle
miteinander in die Länder jenseits der fernen Berge zu führen, auch
wenn mein Herz darüber bricht!", sagt der König.

Ali schlägt nun vor, gleich einen Boten zum König von Halefien zu
schicken. Dieser habe sich, wie er wisse, Brunnen bohren lassen, die
immer Wasser gäben.

„Das ist wahr", erwidert Omar VII., „doch wie können uns Brunnen helfen, wenn die Quellen versiegen?"

„Brunnen reichen tiefer als die Quellen", gibt Ali zur Antwort, und alle staunten darüber, wieviel er wusste. „Wenn das Wasser, aus dem die Quellen gespeist werden, zu Ende geht, kann noch immer Wasser aus größeren Tiefen heraufgeholt werden!"

„Ich vertraue dir, Ali", sagt der König nach einigem Besinnen sehr ernst. „Und deshalb sollst du mein Bote sein. Nimm mein bestes Kamel und reite zum König von Halefien und bitte ihn in meinem Namen um Hilfe!"

Trotz seiner Müdigkeit besteigt Ali ohne Murren das beste Kamel, das noch von jenem Kamel abstammen sollte, mit dem vor vielen, vielen Jahren Prinzessin Fatima vor den Räubern aus dem Tal der Tränen geflüchtet war. Er reitet in die dunkle Nacht hinaus. Wind ist aufgekommen und weht ihm feinen Sand ins Gesicht. Als er sich nach einer kleinen Weile umdreht, sieht er nichts mehr vom Königreich Omarien. Lassen wir ihn reiten und gehen dafür mit dem König zu seiner Tochter, die ja auch Fatima heißt und sich noch längst nicht zur Ruhe begeben hat. Unermüdlich knüpft sie an ihrem wunderbaren Teppich, als käme es nur darauf an, ihn fertigzustellen. Sie hat als einzige auch nicht geholfen, den Sandriesen ins Tränental zu schleppen.

„Du sitzt immer noch an deinem Teppich?", fragt König Omar VII. besorgt.

„Ja, Vater, aber ich bin bald fertig. Seht nur!"

„Das ist ja alles schön und gut, und der Teppich sieht auch wirklich zauberhaft aus, doch was kann uns der schönste Teppich nutzen, wenn die Quellen versiegen und der Sandriese das Königreich unter sich begräbt?"

„Das weiß ich leider auch nicht", seufzt die Prinzessin. „Ich habe nur das Gefühl, dass es wichtig ist, den Teppich trotz allem zu vollenden. Ich ... ich weiß einfach, dass er von größter Bedeutung ist!"

„Soso", meint der König, der mit seinen Gedanken schon wieder beim schrecklichen Sandriesen weilt. „Es wird doch nicht etwa gar ein fliegender Teppich sein, wie es sie früher gegeben haben soll", fügt er lächelnd hinzu. „Aber dann müsste er schon so groß sein, dass ich mein ganzes Volk auf ihm unterbringen kann und die Schafe und die Kamele auch."

Am nächsten Tag geben die Quellen gerade genug Wasser, um den Durst zu stillen. Die Dattelpalmen lassen bereits ihre Blattwedel sinken. Das Korn liegt am Boden. Die Zwiebeln verdorren im trockenen Boden. Trotzdem arbeiten alle, Männer, Frauen und Kinder, unermüdlich von früh bis spät. Die Eimer wandern von Hand zu Hand. Das Tränental füllt sich allmählich mit dem Sand, aber der Sandriese wird darüber kaum kleiner.

Am Abend gehen die drei abgesetzten Ratgeber, Hassan an ihrer Spitze, von Haus zu Haus. Sie haben sich den Tag über verborgen gehalten und sind deshalb längst nicht so müde wie am vergangenen Abend. Um so wütender sind sie auf den König. Sie wollen ihn absetzen, weil er sie abgesetzt hat. Dafür soll Hassan zum neuen König ausgerufen werden.

„König Omar VII. hat den Sandriesen aus der Wüste heimlich herbeigerufen", behaupten sie und lügen dabei das Blaue vom Himmel herunter. „Das hat er gemacht, um sein Volk, das ihm lästig ist, loszuwerden. Dass es ihm gar nicht um wirkliche Hilfe geht, sieht man schon daran, dass Prinzessin Fatima weiter an ihrem blöden Teppich herumknüpfen darf, obwohl alle anderen Sand schleppen müssen."

Manche schlagen den Ratgebern die Tür vor der Nase zu, andere aber, die dümmer sind und leichtgläubig dazu, finden manches richtig, was sie sagen.

Zwei Tage später gelangen immer mehr zu der Meinung, König Omar VII. stünde mit dem Sandriesen im Bunde, und sie klammern sich an den Gedanken wie Ertrinkende an einen Strohhalm, dass man nur den König in die Wüste schicken müsste, fortjagen, damit im nächsten Augenblick die Quellen wieder sprudelten und der Sandriese an Gewalt verliert.

König Omar, der allen vertraut, ist trotz mancherlei Murren, das er wohl hört, völlig arglos. Er steht inmitten seiner Bürger und reicht wie sie die Eimer weiter, als plötzlich Hassan vor ihm auftaucht und fragt: „Wo ist eigentlich die Prinzessin, wie?"

„Sie knüpft an dem Teppich, denn sie glaubt, er könne uns helfen", erwidert der König.

„Und dieses Märchen sollen wir glauben, Herr ... König? In Wahrheit will sie sich nur nicht die Hände schmutzig machen. Deshalb sitzt sie im Schloss herum, während das ganze Volk schwer arbeiten muss!"

„Wo habt ihr denn in den letzten Tagen gearbeitet, Hassan?", erkundigt sich der König ganz ruhig.

„Das geht Euch gar nichts an", antwortet Hassan pampig. „Wichtig ist allein, dass Ihr mit dem Sandriesen unter einer Decke steckt. Jawohl! Ihr habt ihn heimlich gerufen, weil Euch Euer Volk lästig geworden ist. In ferne Länder wollt Ihr es schicken oder vorher hier jämmerlich zugrunde gehen lassen!" Hassan hat diese Worte so laut gesprochen, dass ihn viele hören können. Tatsächlich verlassen etliche Männer und Frauen die Reihe und lassen die Eimer fallen. Von den

Kindern folgt ihnen aber keines nach.

„An die Arbeit, ihr Leute!", ruft der König. „Hört nicht auf diesen Mann, der seinem Amte nicht gewachsen war!"

„Das ist eine Lüge!", schreit Hassan, „Gebt es doch endlich zu, dass Ihr den Sandriesen hergeholt habt, nicht ich. Und den schlechtesten aller Ratgeber habt Ihr zum ersten Ratgeber gemacht! Wo ist er denn eigentlich? Wo treibt sich dieser Ali herum?"

„Ich habe ihn in das Königreich Halefien geschickt, von wo er Hilfe holen soll", erklärt der König, der seinen Zorn über die frechen Reden Hassans kaum noch unterdrücken kann. Doch dieser wird immer unverschämter. „Hilfe holen", kreischt er. „Hilfe! Hilfe! Das wird eine schöne Hilfe sein! Berauben, bestehlen will er uns, und an diesen Räuber wollt Ihr uns ausliefern! Aber wir werden den feinen König von Halefien in die Wüste zurückschicken, ehe er auch nur einen Fuß auf unseren Boden setzen kann. Und Euch ... Herr, Herr König, jagen wir gleich hinterdrein und Eure feine Tochter auch, die sich im Schloss herumdrückt, weil sie zu faul ist ..."

Mitten im Satz hält Hassan plötzlich inne. Nicht etwa, weil er sich vor dem König fürchtet, der ihn ansieht wie ein krankes Kind, das zu lange in der Sonne gesessen hat. Nein, er hält inne, weil er Schritte hinter sich hört. Und als er sich nun umsieht, bemerkt er, wie die Leute, die sich an seine Seite gestellt hatten, davoneilen, als müssten sie die Feuerwehr holen. Aber das beeindruckt ihn weniger. Viel schlimmer, ja schrecklicher ist, was er außerdem sieht. Er sieht die meisten Bewohner des Königreichs damit beschäftigt, Teppiche aus ihren Häusern zu holen, Teppiche, nicht Eimer! Von allen Seiten keuchen sie heran, gebeugt unter der Last der großen und kleinen, der langen und kurzen, der dicken und dünnen Teppiche. Und wohin laufen sie? Sie laufen zum Sandriesen.

„He! Ho! Wo willst du denn mit unserem besten Teppich hin?",
schreit er plötzlich los und findet damit die Sprache wieder, denn
soeben hastet seine Frau vorüber, schwer bepackt wie die anderen.

„Wir decken den Sandriesen mit Teppichen zu!", antwortet die Frau
Hassans.

„Was? Wie? He, renn doch nicht einfach weg! Was soll das alles
heißen?"

Aber da ist sie schon vorüber und im Gedränge verschwunden.

„Das verstehe ich nicht!", murmelt König Omar VII. verwundert,
der bis zuletzt den Arm bewegt hat, als reiche er Eimer weiter, obwohl längst keine Eimer mehr da waren. Erst jetzt bemerkt er es,
schüttelt den Kopf und geht, ohne auf Hassan zu achten, langsam,
dann schneller und immer schneller zum Sandriesen. Und alle, die
noch in seiner Nähe gestanden haben, schließen sich ihm an, selbst
Hassan, der hinter ihm drein schleicht wie ein begossener Pudel.

Unterwegs hören sie, was geschehen ist. Prinzessin Fatima war um
die Mittagszeit mit ihrem neuen Teppich, der seine fünfzigtausend
Dukaten wert sein mochte, am Fuße des Sandriesen angelangt.

„Ihr Leute", hatte sie gerufen, „lasst eure Schaufeln sinken und stellt
die Eimer hin! Ich habe eine Idee, wie wir den Sandriesen besiegen
können! Sie kam mir gerade an in dem Augenblick, als ich den letzten
Knoten am Teppich knüpfte. Wir müssen den Sandriesen mit allen
verfügbaren Teppichen zudecken." Als immer mehr Leute herbei-
kamen, fuhr sie fort: „Ali hatte schon recht: Nur mit Hilfe von Gras
können wir das Ungeheuer besiegen! Die Teppiche halten den Grassamen fest! Opfert sie deshalb, eure Teppiche, alle, auch den kleinsten!"

Ihre Worte machten großen Eindruck. Die sie hörten, glaubten ihr,

24

und so rannten sie alle, um Teppiche zu bringen. Als nun der König mit seinem Gefolge eintrifft, erhitzt und außer Atem, sieht er sogleich, was auch die Prinzessin sieht: Die Teppiche, so viele es auch sein mochten, reichen nicht aus, den ungeheuren Sandriesen einzuhüllen. Zwar werden immer noch mehr gebracht, aber alle zusammen ergeben doch nicht mehr als gleichsam eine Badehose für den gewaltigen Kerl.

Prinzessin Fatima springt wie ein erschrecktes Eichhörnchen von einem Teppich zum anderen, zupft hier und zupft dort, als hoffe sie, damit etwas zu gewinnen. Die Bekleidung des Sandriesen bleibt spärlich. Tränen schießen ihr in die Augen, Tränen der Verzweiflung und der Angst. Zugleich erhebt sich ein heftiger Sturm. Sand weht in dunklen Streifen über die Erde. Die Sonne dringt kaum noch durch, so dass es dunkel wird wie am späten Abend. Doch darauf achtet die Prinzessin nicht. Vielmehr springt sie weiterhin auf den Teppichen umher, zupft hier und zupft dort und gelangt dabei zufällig auf ihr neuestes Stück, den Fünfzigtausend-Dukaten-Teppich. Sie zupft auch an ihm, wie sie an allen Teppichen gezupft hat, und da … da geschieht vor aller Augen, soweit sie noch sehen können, das Unglaubliche, das Wunder! Die Prinzessin hat die siebenundzwanzigste Franse von links und die achtzehnte, neunzehnte und zwanzigste Franse von rechts erfasst, zieht an ihnen, und im selben Augenblick beginnt der Teppich zu wachsen. Er wächst in die Länge, er wächst in die Breite. Er wächst und wächst, und schon vier Minuten später ist der Sandriese eingehüllt wie in einen dicken Mantel. Dabei drückt er die anderen Teppiche beiseite, so dass sie gar nicht nötig sind und wieder mit nach Hause genommen werden können.

„Wasser!" ruft die Prinzessin. „Wasser! Wasser! Bringt Wasser herbei und den Grassamen! Schnell!"

Männer, Frauen und Kinder stürzen davon und holen die Säcke. Und in Windeseile streuen sie den Samen auf den Wunderteppich. Und schon kommen die ersten Wasserträger. „Die Quellen fließen wieder", rufen sie. „Sie fließen! Wir haben genug Wasser! Die Not hat ein Ende! Wir werden den Sandriesen in einen grünen Berg verwandeln!"

Und so geschieht es. Kaum dass das Wasser auf den Samen trifft, schießt auch schon das Gras empor, was natürlich nur auf solchem Wunderteppich möglich ist. Schon nach vier Stunden ist von dem guten Stück nichts mehr zu sehen. Ein dicker Grasteppich ist an seine Stelle getreten, Gras, wohin man sieht.

„Ich habe es ja gefühlt, dass es mit dem Teppich etwas Besonderes auf sich hat!", sagt die Prinzessin später, als alle auf dem grünen Berg stehen. Der Wind hat sich gelegt, und die Sonne scheint hell herab. „Sonst hätte ich ja auch mitgeholfen, die Eimer mit Sand zu tragen!"

„Prinzessin, verzeiht uns. Wir waren schlechte Ratgeber!", bitten Hassan und die beiden anderen abgesetzten Ratgeber kleinlaut und tief beschämt. All ihr Hochmut war von ihnen abgefallen, und das musste man ihnen zugute halten: Sie hatten schon längst mitgeholfen, Wasser herbeizuschaffen. Sie stehen nun da wie begossene Pudel und lassen die Köpfe hängen. „Verzeiht uns. Es reut uns sehr, was wir taten!"

„Jeder kann einmal irren, und ich war ja auch nicht sicher, ob mein Einfall zum Erfolg führen würde", sagt die Prinzessin. „Ich habe große Angst ausgestanden, und richtig glücklich bin ich erst, wenn auch Ali wohlbehalten vor uns steht!"

In diesem Augenblick erhebt sich der Wind aufs neue. Er stürmt mit einer ganzen Sandwand herbei und wirbelt die Menschen durcheinander, groß und klein, alt und jung. Dann wird es plötzlich ganz still. Und als sich alle wieder aufrappeln, steht Ali in ihrer Mitte und neben ihm ein fremder Prinz, der Fatima anstarrt, als sei sie der erste Mensch, den er sieht.

„Wir sind wohl ein wenig plötzlich hier hereingeschneit, hereingeweht, meine ich", sagt Ali und klopft sich den Sand von seinem Mantel. „Aber der Wind hob uns aus unseren Sätteln und wehte uns geradewegs hierher. Dort kommen jetzt auch die Kamele!" Ali weist in die Ferne, wo sich viele kleine Punkte abzeichnen, die nun größer und größer werden. Schließlich kann man die Kamele deutlich erkennen. Ali wendet sich gleich darauf an den König und sagt: „Herr König, hier bringe ich Euch den besten Brunnenbauer, den es weit und breit gibt. Es ist Prinz Simon, ältester Sohn des Königs von Halefien!"

„Bravo! Bravo!", rufen alle. Und der König fügt hinzu: „Ihr seid uns herzlich willkommen, auch wenn, wie Ihr seht, inzwischen die größte Not überwunden werden konnte!" Und rasch berichtet er, was Prinzessin Fatima mit ihrem Teppich für ein Wunder bewirkt hat. Sie senkt dabei die Augen, weil es sie verlegen macht, so gelobt zu werden. Doch sie fasst sich schnell und reicht dem Prinzen die Hand: „Seid mir auch herzlich willkommen, Prinz Simon, und Dank, dass Ihr gekommen seid, um uns zu helfen!"

„Welch ein schönes Paar", seufzt die Frau Hassans. „Dem Prinzen sieht man doch gleich an, dass er viel klüger ist als mein Mann, der ein schlechter Ratgeber war!" Und dann fällt sie ihrem Mann doch um den Hals, weil sie ihn lieb hat, obwohl er nicht der Schlaueste ist. Das Volk ruft: „Prinzessin Fatima lebe hoch. Prinz Simon lebe hoch! Und unser guter König auch!"

König Omar VII. geht auf die beiden zu und umarmt sie. Dabei merken sie gar nicht, dass sie schon längst in einer Pfütze stehen, weil sich die fünfte Quelle unterdessen einen Weg unter dem Sandriesen hervor gebahnt hat. Und sie hören auch nicht, wie die Zwiebeln, die nun im Sand nicht mehr schmoren müssen, aufatmen und das Korn wohlig seufzt.

„So viele Wunder sind geschehen", sagt der König, „dass allein das schon ein Wunder ist!!"

„Ja, der Sandriese", setzt Ali, der erste Ratgeber hinzu, „war und ist wohl alles in allem doch ein guter Riese, ein grüner Riese, wie man noch keinen gesehen hat!"

Damit hat er recht. Er ist eben ein kluger Ratgeber. Deshalb glaubt er auch nicht, dass es viel nützt, wenn man an den Fransen des einen oder anderen Teppichs zieht und sei es auch der schönste und kostbarste der Welt. Es ist ja auch sehr fraglich, ob es dann die achtzehnte Franse von links und die neunzehnte, zwanzigste und einundzwanzigste von rechts sein muss.

Sebastian, der Regenmacher

Sebastian Mucke stand in seinem Zimmerchen vor dem alten Spiegel, der schon ein wenig blind geworden war, und stöhnte, wie man wohl nur vor vielen, vielen Jahren stöhnen konnte, so aus tiefstem Herzensgrunde. Heute sind die Menschen oder jedenfalls die meisten bekanntlich zufrieden und glücklich, und sie stöhnen eigentlich nur, weil es sozusagen zum guten Ton gehört.

Seinerzeit war das aber eben noch anders. Sebastian stand also vor dem großen Spiegel und stöhnte. Er war krebsrot im Gesicht. Mit fahrigen Händen, die beim näheren Zusehen sogar zitterten, versuchte er den hohen und steifen - entsetzlich steifen! - Kragen über seinem Sonntagshemd zuzuknöpfen. Einen solchen Kragen trug man damals übrigens nur an ganz besonderen Tagen!

Aber weshalb stöhnte Sebastian denn nun? Weil die Vögel vor dem Fenster so lustig zwitscherten? Weil die Sonne am blauesten aller blauen Himmel strahlte, als habe sie im Lotto gewonnen? Oder weil der Duft des frischen Pflaumenkuchens ins Zimmer quoll, den seine Wirtin, Frau Müßchen, soeben gebacken hatte? Oh nein, Sebastian stöhnte, weil er den hohen und steifen Kragen nicht zuknöpfen konnte, so sehr er sich auch anstrengte. Ermattet ließ er schließlich die Arme sinken. Schweiß perlte auf seiner Stirn.

„Es wird höchste Zeit, junger Herr!", rief in diesem Augenblick

Frau Müßchen, und sie pochte kräftig gegen die Tür. Sebastian zuckte erschrocken zusammen. Seine Hände fuhren erneut zum Hals. Die Finger packten die Kragenenden und zerrten und zogen daran, dass der Stoff bedenklich zu knistern begann. Schon hatte der Knopf das Knopfloch erreicht, da gaben seine Finger nach. Die Kragenenden schnellten nach hinten und schlugen ihm um die Ohren, dass es nur so knallte.

„Auuu … !" schrie Sebastian.

„Seid Ihr denn immer noch nicht fertig?", zeterte Frau Müßchen draußen vor der Tür. „So beeilt Euch doch! Eure Prüfung beginnt um elf Uhr. Jetzt ist es bereits ein Viertel vor."

„Der Kragen … ", jammerte Sebastian. „Es ist der blöde Kragen! Ich kriege ihn nicht zu!"

„Wartet, ich helfe Euch!" Frau Müßchen riss die Tür auf und stürmte herein. Sie sah ungewöhnlich kräftig und tatendurstig aus! Sebastian hielt ihr mit hilfloser Gebärde den Kragen entgegen.

„Na, sauber ist der ja nun nicht mehr!", schimpfte sie. „Doch das lässt sich jetzt nicht mehr ändern. Hurtig, junger Mann, reckt Euern Hals, so sehr Ihr könnt! Ja, das ist schon ganz gut! Aber noch mehr, noch viel mehr! Noch mehr! So, so ist es schon besser! Bloß atmen dürft Ihr nicht, das macht den Hals dicker!"

„Aaah … ", ächzte Sebastian, als Frau Müßchen den Kragen noch fester packte und vorn zusammenbog, dass es noch lauter knisterte als vorher. Fast wäre ihr Bemühen von Erfolg gekrönt gewesen, da musste Sebastian im letzten Augenblick schlucken. Und im selben Moment rutschte der Kragen aus Frau Müßchens Händen.

„Seid Ihr nicht gescheit!", schimpfte sie. „Wie könnt Ihr schlucken, wo ich Euch doch geboten habe stillzuhalten? Ja, wenn Ihr so heftig atmet, dann wird nie etwas aus Euch werden!"

Sebastian atmete nicht bloß heftig, er schnappte vielmehr nach Luft wie ein Karpfen, den man aufs trockene Land gebracht hat.

„Ich … ich … ", stieß er hervor, „ … ich kann nicht mehr! Ich bin vollkommen fertig!"

„Ach was, habt Euch nicht so zimperlich, junger Herr! Nehmt Euch gefälligst zusammen. Wer ein guter Regenmacher werden will, der muss was aushalten können!" Frau Müßchen nickte aufgebracht, so dass ihre runden und stark geröteten Wangen wackelten wie Glibber-pudding. Plötzlich rief sie erschrocken:

„Jetzt ist es schon zehn Minuten vor elf, junger Herr! Eure Professoren werden auf Euch warten müssen!"

„Die haben ja Zeit", knurrte Sebastian wütend. „Auf ein paar Minuten kommt es schließlich nicht an."

„Das sagt nicht, junger Herr, es kommt sehr wohl darauf an! Pünktlichkeit hat schließlich noch keinem Menschen geschadet!"

„Na ja, wenn der Kragen doch aber nicht zugeht … ", maulte Sebastian.

„Daran seid Ihr selbst schuld", erwiderte Frau Müßchen zornig. „Weshalb habt Ihr Euch nicht rechtzeitig einen ordentlichen Kragen besorgt? Wie, junger Herr?"

„Ich … ich hab's eben vergessen", stotterte Sebastian verlegen. „Aber bitte, bitte versuchen Sie es noch einmal, ja? Ich will diesmal auch nicht atmen und nicht schlucken. Bestimmt nicht!"

„Meinetwegen", sagte Frau Müßchen und krempelte sich die Ärmel hoch. Wieder packte sie die Kragenenden, holte tief Luft und zog aus Leibeskräften. Millimeter um Millimeter näherten sich die Kragenenden. Gleich war's geschafft.

„Nur Mut!" schrie Frau Müßchen. Sebastian stand da wie eine Salzsäule. „Nur Mut!" Mit einer jähen Bewegung stemmte Frau Müßchen ihr rechtes Knie gegen seine Brust. Und im nächsten Augenblick hatte sie den Knopf ins Knopfloch gepresst. Der Kragen knisterte, als wollte er reißen. Doch er riss nicht, auch der Knopf hielt.

„Ja, den hab' ich ja auch angenäht!", sagte Frau Müßchen zufrieden. „Aber nun los, junger Herr, lauft, lauft, sonst werden Eure Professoren ungeduldig!"

Doch Sebastian rührte sich nicht von der Stelle. Nur seine Lippen bewegten sich, so als wollte er etwas sagen. Doch bis auf ein pfeifendes Geräusch war nichts zu vernehmen. Schließlich kehrte aber doch etwas Farbe in sein blasses Gesicht zurück. Jetzt hob er einen Arm, jetzt den anderen. Er beugte den Kopf und versuchte, ihn zu drehen. Das gelang nicht.

„Das ist nicht so schlimm", tröstete ihn Frau Müßchen, die aufgeregt zur Uhr blickte. „Es ist vier Minuten vor elf, junger Herr! Was braucht Ihr den Kopf zu drehen, wenn nur der Kragen zu eng ist! Und jetzt sputet Euch doch, rennt, was Ihr könnt!"

„Können kann ich gar nicht ...", gurgelte Sebastian, und daran konnte man erkennen, dass nun wenigstens die Sprache zurückgekehrt war. „Ich bekomme ja kaum Luft!"

„Das habt Ihr Euch selbst zuzuschreiben", erklärte Frau Müßchen ungerührt. „Und nun macht endlich, dass Ihr fortkommt! Und vergesst Euren Kasten mit der Ersten Hilfe nicht!"

Sebastian hatte ihn schon ergriffen und stolperte zur Tür hinaus.

„Viel Glück!", schrie ihm Frau Müßchen nach, bevor sie die Tür hinter ihm schloss.

Fünf Minuten nach elf Uhr erreichte Sebastian das langgestreckte rote Backsteingebäude, die Hohe Schule der Regenmacher, die einzige in der Welt. Vor der Tür blieb er stehen, um wieder etwas zu Atem zu kommen und sich eine Entschuldigung auszudenken für seine unziemliche Verspätung. Auf den engen Kragen hinzuweisen, schien ihm an diesem Orte doch unpassend und für die gestrengen Professoren nicht glaubwürdig genug, obwohl es ja stimmte. Sicher vermochten sie sich überhaupt nicht vorzustellen, welche Pein ein derartiges Bekleidungsstück bereiten konnte!

Sebastian seufzte - oder vielmehr: Er wollte seufzen. Der Seufzer, der ihm aus den tiefsten Winkeln seiner Brust emporquoll, blieb jedoch unterhalb des Kragens stecken. Höher kam er nicht! Sebastian würgte und rang nach Luft. Dann stöhnte er, wie man nur vor vielen Jahren ..., aber das wissen wir ja schon. Es kam ihm wie eine Ewigkeit vor, bis er wieder einigermaßen Herr der Lage war. Nun konnte und wollte er nicht länger zögern. Er drückte die Klinke herunter und trat festen Schrittes ein. Es war zehn Minuten nach elf.

In dem weiträumigen Saal, der im ersten Augenblick einer übergroßen Waschküche ähnelte, begegnete er sogleich den Professoren. Sie saßen an einem langen Tisch an der rechten Querseite auf Lehnsesseln mit hohen Rückenlehnen. Die Herren blickten ihm finster entgegen. Es waren schwarzgekleidete Gestalten, unter denen eine besonders auffiel, ein gewaltiger, vierschrötiger Mann, dessen Gesicht von einem schwarzen Backenbart umrahmt wurde. Wie seine Kollegen trug auch er einen Zylinder, wie das damals Brauch war, doch zeichnete sich der vor den anderen dadurch aus, dass er im Schein der unzähligen Kerzen, die den Raum erleuchteten, auf unheimliche Weise in allen Farben schillerte.

Die zuckenden Flammen, die aus dem Herd unterhalb des geschwärzten Kamins schlugen, warfen gespenstische Schatten an die Wände. Diese waren voll gestellt mit Regalen, auf denen unzählige Töpfe, Tiegel, Kessel, Flaschen, Dosen, Kisten und Kästchen standen. Der Blick nach oben schien sich im Unendlichen zu verlieren, da die hoch gewölbte schwarze Balkendecke im Dämmerlicht nicht zu erkennen war. Es war empfindlich kühl im Raum. Die düster dreinblickenden Professoren atmeten weiße Wolken aus, die langsam nach oben stiegen.

„Guten Morgen", sagte Sebastian endlich, ohne die finsteren Blicke der Herren zu beachten. „Ich hatte ... ähh hatte ... mmh ... gewisse Atembeschwerden, die mich am schnellen Gehen hinderten ... mmmh ja, hinderten. Sie behinderten mich, meine ich."

„Soso, Herr Kandidat, das ist ja höchst bemerkenswert und sonderbar", erwiderte der Schwarzbärtige, an dessen hohen Zylinder eine blutrote Flamme emporzuzüngeln schien. „Aber sagt einmal selbst, Herr Sebastian Mucke, wäre es da nicht mit Rücksicht sowohl auf diese - wie sagtet Ihr doch? - Atembeschwerden als auch auf die Pünktlichkeit des Eintreffens möglich gewesen, zehn Minuten vor der sonst üblichen Zeit aufzubrechen?"

„Ja ... ich ... gewiss, aber ... " stotterte Sebastian überrascht. Er verstand gar nicht, weshalb sich der Professor wegen der paar Minuten so aufregte. So ein Wichtigtuer! „Es ist doch so ...", murmelte er.

Doch da donnerte ihn der Schwarzbärtige an:

„Seid still, Herr Kandidat, und merkt Euch, ein Regenmacher muss verlässlich sein, selbst wenn ihn ... mmh ... Atembeschwerden quälen, wie das bei Prüfungen ja oft der Fall ist, zumal bei einer solch wichtigen wie heute, da Ihr Meister werden wollt. Habt Ihr verstanden?"

„Jaja ... ", sagte Sebastian und neigte den Kopf, so weit es der Kragen zuließ. Er war fuchsteufelswild. So ein Theater zu machen wegen der paar Minuten, die er zu spät gekommen war!

„Wir wollen mit der Prüfung beginnen", ließ sich da der Nachbar des Schwarzbärtigen vernehmen. „Ihr wisst, Herr Kandidat, dass es bei der Ausführung der Aufgaben auf größte Genauigkeit ankommt?"

Sebastian nickte, so weit es ging, und sagte: „Natürlich!"

„Dann ist es ja gut. Ich habe es auch nur gesagt, weil Pünktlichkeit und Genauigkeit zusammengehören wie ... wie der Regen zur Wolke. Ja! ... Also, Herr Kandidat", fuhr er fort, „Ihr habt uns nun zu zeigen, dass Ihr die Kunst des Regenmachens beherrscht und zum Nutzen der Menschen anzuwenden versteht!. Drei Versuche sollt Ihr uns vorführen ..."

Endlich kommt er zur Sache, dachte Sebastian.

„Zunächst führt uns einen kleinen Schauer vor, Richtung Südsüdost auf fünfzehn Quadratfuß Fläche. Dauer des Versuchs: vier Minuten und dreißig Sekunden. Menge des Regens: dreißig Liter. Regentropfengröße ist beliebig."

„Sehr wohl", sagte Sebastian, eilte hocherhobenen Hauptes zum Herd, in den kupferne Kessel verschiedener Größe eingelassen waren, stellte den Kasten, der die Erste Hilfe enthielt, auf ein Regal und begann mit der Arbeit. Denen werd' ich's schon zeigen, was ich kann, dachte er. Na, die werden ganz schön staunen!

Zunächst gab er einen Esslöffel Wasser in einen Kessel und wartete, bis es zu sieden begann. Nun fügte er aus fünfzehn Flaschen, Dosen, Kisten und Kästchen allerlei Flüssigkeiten und Kräuter hinzu, so dass es bald würzig zu duften begann. Und da! Da stieg auch bereits eine weiße Wolke aus dem Kessel! Sie blähte sich wunderlich auf, wobei sie sich gleichzeitig blitzschnell drehte wie ein Kreisel. Das Gewölk schraubte sich höher und höher, bis es, einem hellen Schatten gleich, an der Decke schwebte und nun langsam zur linken hinteren Ecke des Raumes wanderte. Dort aber war Süden, nicht Südsüdosten, wie es die Aufgabe vorschrieb.

Am Tisch der Professoren entstand Unruhe. Selbst der schwarze Backenbart geriet in Bewegung.

Unterdessen hatte die Wolke die Ecke erreicht. Sie ruckte und zuckte ein wenig, und dann fielen auch schon die ersten Regentropfen. Es regnete auf eine Fläche von genau fünfzehn Quadratfuß, wie es die Aufgabe verlangte. Durch ein Abflussrohr verschwand das Wasser im Fußboden. Drunten im Keller wurde es vom Hausdiener in einem Messgefäß aufgefangen.

Die Zeit verging, zwei Minuten, drei, dann vier, endlich ... nach vier Minuten und dreißig Sekunden fiel der letzte Regentropfen. Kurz darauf öffnete sich die Tür, der Hausdiener trat ein und meldete:

„Dreißig Liter!"

Na also, dachte Sebastian erfreut, da hat doch eigentlich alles geklappt. Das kleine Versehen hinsichtlich der Richtung ist ja nun wirklich nicht schwerwiegend. Ich muss mich bei der Auswahl des Richtungspulvers einmal versehen haben.

Zu weiterem Nachdenken kam er aber nicht, denn nun folgte die zweite Aufgabe.

„Als weiteren Versuch wünschen wir einen großen oder starken Schauer vorgeführt zu bekommen", sagte der Professor auf der anderen Seite des Schwarzbärtigen. „Richtung Westsüdwest auf zehn Quadratfuß Fläche. Dauer des Versuchs: drei Minuten, fünfzehn Sekunden. Menge des Regens: achtzig Liter. Regentropfengröße wiederum beliebig."

Sebastian verneigte sich würdevoll und füllte sogleich zehn Tropfen Wasser in den nächstgrößeren Kessel und wählte dann eilig, vielleicht zu eilig unter den Gläsern, Flaschen und Kästen auf den Regalen. Wieder goss er verschiedene Flüssigkeiten in das siedende Wasser, warf Kräuter und Salze hinterdrein. Dunkelgraue, dicke Regenwolken entstiegen dem Kessel und wälzten sich an der Decke in westsüdwestlicher Richtung zur linken Querseite des Saales.

Na, das klappt ja wie am Schnürchen, dachte Sebastian, und er war sehr zufrieden mit sich.

Aber da! Was war denn das? Himmel, die Wolken sanken ja auf halbem Wege herab, als ob sie zu schwer wären, und hingen schließlich vor dem Tisch der Professoren. Plötzlich war es, als rissen sie entzwei. Es knatterte fürchterlich, und mit jäher Gewalt prasselten im nächsten Augenblick Hagelkörner herab von Taubeneigröße! Sie türmten sich zu einem Berg, der eine Fläche von genau zehn Quadratfuß bedeckte, wie es die Aufgabe vorsah.

Sebastian fühlte sich sehr unbehaglich. Dass ihm so etwas Dummes passieren musste! Wie war das nur möglich? Er hatte doch alles so gemacht, wie es die Aufgabe vorschrieb! Oder hatte er sich etwa geirrt? Gleich mehrmals? Das konnte und wollte er nicht glauben.

Der Schwarzbärtige hüstelte leicht, während sein Zylinder violette Farben zeigte. Dem Hausdiener, der in den Saal trat, winkte er gleich ab. Es war ja ohnehin allen klar, dass es diesmal nichts zu vermelden gab. Jedenfalls nichts aus dem Keller.

„Diese Aufgabe, Herr Kandidat", sagte er dann, und seine Stimme klang so eisig, als wäre sie gefroren, „habt Ihr nur hinsichtlich der Fläche und der Dauer des … mmmh … des Niederschlags richtig gelöst. Auf die Genauigkeit, Herr Kandidat, auf die Genauigkeit bei der

Ausführung kommt es an! Bedenkt es beim dritten Versuch!"

Dieser abscheuliche enge Kragen ist daran schuld, dass ich mich versehen habe, dachte Sebastian und seufzte, wobei ihm allerdings das gleiche Missgeschick passierte wie vorher schon einmal. Der Seufzer blieb ihm im Halse stecken! Während er sich noch abmühte, wieder zu Atem zu kommen, stellte ihm der Schwarzbart die letzte Aufgabe: „Nunmehr wünschen wir einen Wolkenbruch vorgeführt zu bekommen, Richtung Südwest bis West auf zwanzig Quadratfuß Fläche. Dauer des Experiments: acht Minuten. Menge des Regens: dreihundertundzwanzig Liter. Regentropfen von Perlengröße!"

Sebastian verbeugte sich knapp und schüttete dann sorgsam messend einen Fingerhut voll Wasser in den größten Kessel. Vielerlei gab er hinzu aus Dosen und Flaschen und Kisten, bis es nach schwerem Ackerboden roch im Saale und nach zersplittertem Holz, das niedergebrochen ist unter der Wucht eines Wolkenbruchs! Aber was war denn das schon wieder? Ließ ihn sein Gedächtnis im Stich? Hatte er schon den sonnengetrockneten und gerösteten Nieswurzsamen der duftenden Brühe beigegeben und der wilden Kamille gelbe Blütenblätter? Sebastian fuhr sich mit der linken Hand über sein schweißnasses Gesicht und blickte ängstlich auf die Regale. Die Richtung des Unwetters wurde durch beides bestimmt: Nieswurzsamen bewirkte die Westrichtung der Wolken, Kamillenblüten Südwesten, wenn man sie im richtigen Maß beifügte, weder zu wenig noch zu viel. Doppelte Menge aber bedeutete andere Richtung: Norden!

Sebastian zitterte plötzlich. Mühsam saugte er die Luft ein. Der enge Kragen bedrängte ihn mehr denn je. Sein Atem pfiff. Starr saßen die Professoren wie schwarze Säulen auf ihren Sesseln. Jegliches Farbenspiel auf dem Zylinder des Schwarzbärtigen war erloschen.

Mit unsicherer Hand griff Sebastian schließlich zum Glase mit dem Nieswurzsamen und zur Büchse mit den Blütenblättern der wilden Kamille, um gehörige Mengen davon auf der Waage abzuwiegen. Dann nahm er die Schale, zögerte einen kleinen Augenblick - es war ihm, als wollte ihn etwas davon zurückhalten - und schüttete den Inhalt in den duftenden Kessel. Zum Schluss kam noch ein halbes Gramm Wolfsmilchwurzel, fein gestoßen, hinzu. Und sogleich türmten sich Wolken empor, weiterquellend bis zur hohen Decke des Saales.

Plötzlich war Sebastian wieder siegessicher. Jetzt konnte doch eigentlich nichts mehr misslingen! Um so unerwarteter für ihn trat dann das entsetzliche Unglück ein. Doppelte Menge des Nieswurzsamens und der Blütenblätter der wilden Kamille drängten die Wolken blitzschnell nach Norden. Nach Norden! Oh Himmel, nach Norden zum Tisch der Wissenschaft, wo die Professoren reglos und stumm beieinander saßen. Mit genau berechneter Macht und der gehörigen Menge, wenn auch am durchaus falschen Platze!, ergoss sich der Wolkenbruch über sie.

Sebastian schrie auf. So groß war sein Schrecken, so gewaltig der Schrei, dass der Knopf, der von Frau Müßchen mit kräftigem Faden und noch kräftigerer Hand angenäht war, knallend absprang vom Kragen. Und sogleich drängten die stecken gebliebenen, inzwischen wieder halb hinuntergeschluckten Seufzer herauf, und so seufzte und stöhnte Sebastian, einer Ohnmacht nahe, während auf die Professoren dreihundertundzwanzig Liter Wasser herabstürzten, die Zylinder der Herren mit sich reißend.

Sebastian schlotterte an allen Gliedern, als er bedachte, welche Folgen dieses furchtbare Missgeschick für sein ferneres Schicksal haben musste. Er würde von der Hohen Schule der Regenmacher verwiesen und aus dem Lande gejagt werden! Nie würde er in die Zunft der Regenmacher aufgenommen werden! Schmach und Schande kamen über ihn.

Drei Minuten des achtminütigen Wolkenbruchs waren bereits vorüber, als Sebastian endlich einen Entschluss fasste. Er packte den Kasten für die Erste Hilfe und floh, floh Hals über Kopf in großen Sprüngen vondannen. Er hielt im Laufen erst inne, als er sich schon halbwegs in Sicherheit wähnte. Gerade wollte er erschöpft zu Boden sinken, da ertönte ein heftiges Geknatter zu seinen Häupten, und ein Blitz zuckte herab. Sebastian blickte in die Höhe! Eine kleine tiefschwarze Wolke schwebte über ihm am sonst tiefblauen Himmel. Im Nu öffnete sie ihre Pforten, und Regen prasselte auf Sebastian nieder, auf ihn und die Erde rings um ihn. Es mochten insgesamt vielleicht fünf Quadratfuß sein.

Das ist die Rache der großen Meister, dachte er, von der Wucht des Regens und dem Getöse des Donnerwetters halb betäubt, indes er sich schützend über den Kasten mit der Ersten Hilfe beugte. Während der Sturzbach mit unverminderter Gewalt auf ihn einschlug, bewunderte er - ungeachtet der Nässe! - zum ersten Mal von ganzem Herzen die

41

Kunstfertigkeit seiner Lehrer. Angesichts des Meisterstücks, das sie ihm jetzt im Zorn vorführten, fühlte er sich richtig beschämt. Doch dann erwachte in ihm eine geradezu unbändige Wut auf den hohen und steifen Kragen, als wäre der schuld an dem Unglück. Mit einem Ruck wollte er ihn sich vom Halse reißen, da merkte er, dass er ihn wohl schon längst verloren hatte.

Nachdem fünfhundert Liter auf ihn heruntergeflossen waren, versiegte die Wolke, der Donner verrollte. Sebastian erhob sich mühsam und schüttelte sich wie ein begossener Pudel. Übel gelaunt und niedergeschlagen setzte er schließlich, eine nasse Spur hinter sich lassend, seine Wanderung fort.

Nur weg, dachte er, ehe sie mir noch einen Hagelschauer nachschicken. Nur weg!

Er marschierte gen Süden, und mit der Zeit tat ihm das Laufen und vor allem das freie Atmen gut. Darüber wurde er allmählich wieder guter Dinge, auch wenn ihm die Erinnerung an sein schmähliches Versagen nachhing wie eine Schleppe, die ihn festhalten wollte, weil sie sich überall festhakte. Aber er riss sich immer wieder los und schritt weiter voran, bis er Menschen traf, die ihm zu essen und zu trinken gaben und ihn zu trösten versuchten, als er ihnen sagte, woher er kam und weshalb er das Weite gesucht hatte. Das machte ihm schließlich neuen Mut, auch wenn er nicht glauben wollte, dass sich alles noch einmal zum Besseren wenden könnte.

Die gute Aufnahme, die er fand, das sorglose Leben, das er dank der Freigebigkeit der Menschen führen konnte, versöhnten ihn allmählich mit seinem Schicksal und machten ihn fast wieder übermütig, doch war dann wieder etwas in ihm, was ihn davon abhielt, allzu sorglos zu werden. Darüber marschierte er immer weiter nach Süden, bis das Land trockener wurde, karger und ärmer die Menschen. Zuletzt war die weite Ebene völlig unbewohnt. Ausgedörrt lag der Boden unter der brennenden Sonne. Hier und da wuchsen spärliche Grasbüschel. Ein abgestorbener Baum reckte seine toten Äste gegen den Himmel, über den fahle Wolkenschleier zogen. Aber diese waren so durchsichtig, dass sie keinen Schatten spendeten.

Sebastian, dem seine neuerliche Fröhlichkeit wieder abhanden gekommen war, stolperte durch die Gegend, ohne recht darauf zu achten, wo er sich befand. Er schreckte erst auf, als er plötzlich Durst verspürte. Die Flasche war fast leer. Sebastian sog schlürfend den letzten Tropfen ein, als hinge sein Leben davon ab.

Ihm war ganz schwindlig, und das wurde nicht besser, als er sich umsah und nur ausgedorrtes Land erblickte. Wo hatte er nur seine Gedanken gehabt? Wie hatte er mitten in diese trostlose Einöde laufen können, ohne sich vorher mit dem Notwendigsten zu versehen, Wasser und Brot? Statt einer Antwort stöhnte Sebastian wieder einmal, was ihm, wie wir wissen, längst zur Gewohnheit geworden war. Dann schlug er sich mit beiden Händen vor den Kopf, was natürlich nichts half. Angst kroch ihm durch die Glieder. Ihn fröstelte, und ohne weiter nachzudenken, rannte er los, einfach geradeaus, Richtung Norden. Eine wilde Hoffnung, irgendwo auf eine Ansiedlung zu stoßen, beflügelte seine Schritte.

Als die Sonne am Höchsten stand, lastete eine unglaubliche, furchtbare Hitze auf dem Land. Der Staub wirbelte bei jedem Schritt auf. Sebastian sank im Schatten eines mannshohen Baumstumpfs zu Boden und blieb wenigstens eine Stunde wie betäubt liegen. Doch dann wurde ihm seine trostlose Situation erst richtig klar. Er sprang auf, als hätte ihn eine Tarantel oder eine andere giftige Spinne gebissen.

„Hier kann ich nicht bleiben!", rief er. „Ich muss weiter. Weiter ..."

Aber die Beine waren ihm schwer wie Blei, so dass er nur langsam und taumelnd vorankam, bis er endlich erneut niedersank und sein Gesicht in beiden Händen vergrub. Stundenlang saß er so da, verzweifelt und völlig erschöpft, kaum noch fähig, richtig zu stöhnen.

Der Mond stieg am Himmel empor und schien hell und klar auf ihn nieder. Die Wolkenschleier hatten sich aufgelöst. Sterne blinkten, spendeten aber keinen Trost.

„Jetzt müsste es einen Wolkenbruch geben", murmelte Sebastian, „oder einen ordentlichen Regenguss, einen Schauer ... wenigstens einen kleinen Schauer ... eine winzige Regenhusche ... ein Hüschchen! Ach", fuhr er fort, nur von Stöhnen unterbrochen, „da bin ich beinahe ein Regenmacher geworden und sitze nun da und bin hilflos wie einer, der vom Regenmachen nichts versteht ..."

Wolkenbruch und Nieselregen! Sebastian schnellte plötzlich in die Höhe, als hätte ihn eine kleine Rakete in die Höhe geschossen. Er hatte doch den Kasten, den Kasten mit der Ersten Hilfe bei sich! Rettung! Er war gerettet! Weshalb war ihm das nicht schon vorher eingefallen?

Mit zitternden Händen öffnete er den Kasten, und herausfiel alles, was ein Regenmacher für eine Erste Hilfe benötigte: ein Spirituskocher, etliche kleine Tiegel, Flaschen, Dosen und Tüten. Im Nu stellte er den Kocher auf, entzündete ein Feuer und füllte aus einer kleinen blauen Flasche einige Tropfen Aquadest in den kleinsten Tiegel und erhitzte ihn. Sobald die Tropfen zu brodeln begannen, schüttete er verschiedene Kräuter hinein. Und schon wenig später bildeten sich winzige Wolken, die in die Höhe stiegen. Bei einer Höhe von etwa zehn Metern verharrten sie, wurden dunkler und dunkler und auch noch etwas größer.

„Ein kleiner Schauer ...", murmelte Sebastian. „Dauer: drei Minuten. Und auf eine Fläche von fünf Quadratfuß. Insgesamt zwanzig Liter ..."

Aber was war das? Sebastian starrte in die Höhe, wo jetzt eine größere Wolke wie eine geballte Faust über ihm im Mondlicht schwebte und dabei auf und ab wogte. Aber kein Tropfen fiel herab!

„Was habe ich denn jetzt schon wieder falsch gemacht?", rief Sebastian verzweifelt. „Es geht um mein Leben! Nun regne doch, Wolke, regne ... regne!" Aber es regnete noch immer nicht. Die Wolke blieb plötzlich starr und steif über ihm stehen, wie von einer Geisterhand gehalten, doch ohne auch nur einen Tropfen abzugeben.

Da wusste Sebastian schlagartig, dass eigentlich gar nicht der zu enge Kragen an dem unglücklichen Ausgang der Prüfung schuld gewesen war, sondern seine Unachtsamkeit, sein Leichtsinn, mit dem er zu Werke gegangen war. Er hatte immer gedacht, er wüsste doch eigentlich schon alles und brauchte nichts mehr hinzuzulernen. So war das! Er hatte sich um nichts mehr gekümmert, auch nicht um einen passenden Kragen. Und so kam es, wie es kommen musste - das Unglück.

„Ich bin selber schuld daran, dass ich jetzt verdursten muss!", murmelte er. Sei es nun, dass er dank der Einsicht plötzlich in allem klarer sah, oder sei es, dass die Verzweiflung ihm blitzartig die rettende Idee eingab, jedenfalls wusste er plötzlich, was er dem brodelnden Brei in der Schale noch zusetzen musste, damit die Wolke regnete: einen Tropfen Muskatblütenkelchsaft! Und wirklich, sobald der Tropfen in die Schale gefallen war, begann es zu regnen!

Sebastian sperrte den Mund auf und trank in vollen Zügen. Wohlig fühlte er, wie ihm der Regen über den Körper lief und in die Schuhe troff. Auf einer Fläche von fünf Quadratfuß fielen die bestellten zwanzig Liter Wasser herab. Natürlich war keiner da, um die Menge zu messen, aber Sebastian wusste, dass er jetzt alles richtig gemacht hatte.

Ungemein erfrischt legte er sich später zur Ruhe, mit dem festen Vorsatz, in Zukunft sorgfältiger zu Werke zu gehen und wie ein richtiger Regenmacher auf die größte Genauigkeit zu achten. Diesen guten Vorsatz setzte er an den folgenden Tagen mit immer besserem Erfolg in die Tat um. Schließlich brachte er es fertig, den Regen auf eine Fläche von einem Quadratfuß herabfallen zu lassen! Auf diese Weise konnte er sich mit fünf Liter Wasser begnügen. So ging einerseits immer weniger Wasser verloren, und andererseits sparte er die lebenswichtigen Zutaten in seinem Erste-Hilfe-Koffer. So lange er nicht wusste, ob und wann er auf eine Ansiedlung stoßen würde, musste er sparen!

Als er eines Nachmittags wieder einmal einen kleinen Schauer zusammengebraut hatte, der jetzt nur noch auf die winzige Fläche von einem halben Quadratzoll fiel, auf einen so engen Raum, wie ihn sein geöffneter Mund darstellte, überraschte ihn ein Mann, der plötzlich des Weges daherkam. Als der den Strahl sah und die winzig kleine Wolke, erschrak er zunächst sehr und blieb mit offenem Munde stehen, so als wollte auch er trinken, was ja nur zu verständlich war. Als nach zwei Minuten der Wasserstrahl versiegte und die Wolke sich auflöste, fasste er Mut und kam näher.

„Lieber Herr", sagte er demütig, „was war das für eine sonderbare Wolke, aus der Ihr getrunken habt?"

„Die habe ich mir zusammengebraut", erwiderte Sebastian, und mitleidig fügte er hinzu. „Ihr habt noch mehr Durst, guter Alter!

Deshalb sollt Ihr auch eine Wolke haben!"

Der Mann blickte ihn an, als fasste er die Worte nicht. „Ihr wollt mir eine Wolke schenken? Eine ganze Wolke? Nur für mich?"

„Ja, mit drei Litern Wasser", sagte Sebastian, „sofern Euch das reicht!"

„Ein Wunder! Ein Wunder!", rief der fremde Mann und schlug die dürren Hände zusammen, dass es ordentlich klapperte, als die Finger aufeinander trafen. Sebastian tat es von Herzen weh, als er das hörte, und er öffnete sogleich seinen Kasten, um aus seinen wenigen Vorräten die Wolke herzustellen. Doch der Alte fiel ihm in die Arme und rief: „Nein! Nein! Nicht mir schenkt die Wolke! Ich bin alt, ich brauche das Wasser nicht so dringend! Kommt, kommt mit mir an den Hof von König Ubudu, wo große Not herrscht, denn alle Quellen sind versiegt, und seit Monaten ist kein Regen mehr gefallen. Ihr müsst nämlich wissen, der König hatte mich um Hilfe zu den Regenmachern geschickt, aber ..."

„Wie, Ihr wart bei den Regenmachern?", rief Sebastian. „So sprecht doch, habt Ihr niemanden angetroffen?"

„Doch! Doch!", erwiderte der Alte. „Aber die Professoren, zu denen ich kam, lagen alle zu Bett! Das ist ja das Unglück!"

„Zu Bett?" Sebastian stockte der Atem.

„Ja, sie waren schrecklich erkältet, hatten Fieber und husteten fürchterlich. Sie waren irgendwo in einen Regenguss geraten und hatten sich dabei verkühlt!"

„Regenguss ... Verkühlt?", schrie Sebastian. „Erkältet? Zu Bett?" Er zweifelte keinen Augenblick daran, dass er an der Erkältung schuld war mit seinem Wolkenbruch bei der Prüfung.

„Ja, so ist es", sagte der Alte. „Der einzige Professor, der noch gesund geblieben war, hatte, wie man mir sagte, gerade das Land verlassen. So fand ich keine Hilfe. Oh, lieber junger Herr, nun aber habe ich Euch gefunden! Kommt mit mir zum Hofe des Königs Ubudu! Dürr und ausgetrocknet wie Backobst ist der König und auch seine Tochter, die Prinzessin Leonore ..."

Sebastian blickte den Mann verzagt an und sagte kleinlaut: „Ihr müsst wissen, guter Alter, dass ich ein schlechter Regenmacher bin, ein durchgefallener Kandidat, ein unordentlicher und unpünktlicher Mensch! Ich tauge nicht dazu, Euch an den Hof des Königs zu folgen!"

„Ach, was redet Ihr da, junger Herr", unterbrach ihn der Alte hastig. „Habe ich nicht mit eigenen Augen gesehen, wie Ihr aus einer Wolke getrunken habt wie aus einem Wasserhahn? Ihr seid ein rechter Regenmacher, und ich vertraue Eurer Kunst, mögt Ihr auch noch so viele Fehler gemacht haben in Eurem bisherigen Leben. Kommt, kommt mit mir! Erste Hilfe tut Not!"

Da überwand Sebastian seine Niedergeschlagenheit, fasste Mut und folgte dem Alten bis zum Schloss des Königs Ubudu, nicht aber ohne vorher dem Mann auch eine klitzekleine Wolke zu schenken. Kein Tropfen ging dabei verloren. Gleich darauf sah der Alte gar nicht mehr so alt aus, sondern wenigstens zwanzig Jahre jünger. So erfrischt war er von dem Wasser!

Im Schloss des Königs war es so still wie in einem Totenhause. König Ubudu, der einer Mumie glich, begrüßte sie beide mit schwacher Stimme und führte sie zu seiner Tochter, die auf einem Lager aus weichen Daunen schlief und einer Zaunlatte ähnelte, während ihre Nase einem hervorstehenden Nagel glich, so dürr und spitz war sie.

Sebastian blieb erschüttert stehen, und es kam ihm so vor, als hörte er die Stimme des schwarzbärtigen Professors: Nehmt Euch zusammen, Herr Kandidat, jetzt könnt Ihr Euren Fehler wieder gutmachen! Erste Hilfe ist die beste Hilfe!"

Ohne ein Wort zu verlieren, öffnete Sebastian geschwind seinen Kasten, nahm den Spirituskocher heraus samt einer kupfernen Schale.

„Bringt Töpfe und Kannen herbei!", befahl er, während er Tropfen und Kräuter in die Schale füllte und Feuer machte.

König Ubudu und der Mann gehorchten. Aus der Küche schleppten sie drei Eimer, fünf Kannen, ein kleines Fass und - auf besondere Bitte von Sebastian - eine Tasse herbei.

Inzwischen hatte er einen Tropfen Hyazinthenknollensaft in den brodelnden Brei tropfen lassen. Im Nu bildete sich eine Wolke, die an die Decke des großen Raumes schwebte, und zwar genau an die Stelle, unter der Sebastian jetzt den ersten Eimer aufstellte. Und da fiel auch bereits der erste Tropfen herab. „Klack!" machte es. Dann war's wieder ein Wasserstrahl, dick wie ein Seil. Er traf genau in den Eimer. Als dieser gefüllt war, nahm Sebastian den zweiten und dann den dritten Eimer, schließlich die Kannen, das Fässchen und zuletzt die Tasse. Sobald diese bis zum Rande gefüllt war, versiegte die Wolke. Neunundachtzigundeinviertel Liter waren herabgefallen. So hatte es Sebastian auch vorausberechnet.

Während er dem König und dem Alten jeweils eine Kanne reichte, nahm er die Tasse und eilte damit schnurstracks zum Lager der Prinzessin, richtete sie sanft auf und führte die Tasse an ihren Mund. Erst nippte sie nur, dann jedoch trank sie in hastigen Zügen, öffnete schließlich die Augen und lächelte ihn freundlich an.

„Dank! Tausend Dank!", flüsterte sie. „Ihr habt ein Wunder vollbracht!"

49

„Dank!", rief auch der König, der herbeigeeilt kam, so schnell ihn seine Füße trugen. „Dank, edler Fremdling, Ihr habt uns ..." Doch plötzlich stockte er und zeigte zum Fenster.

„Oh, seht doch nur, seht doch, es regnet! Es regnet! Nun ist auch mein Volk gerettet! Oh Freude! Oh Glück!" Tatsächlich, draußen regnete es in Strömen, und zwar überall, wohin man auch blickte. Es war ein Regen, wie man ihn sich besser nicht wünschen kann: ein richtiger, sozusagen ausgewachsener Platz- und Dauerregen.

Sebastian starrte hinaus. Dieser plötzliche Regen kam ihm nicht ganz geheuer vor! Während er sich noch wunderte, öffnete sich mit einem Male die Tür, und hereintrat - der schwarzbärtige Herr Professor, der sich sogleich an den erschrockenen Sebastian wandte:

„Ich habe mir erlaubt, Herr Kandidat, Euch draußen ein wenig behilflich zu sein", sagte er freundlich lächelnd. „Ich kam zur gleichen Zeit mit Euch hier an, denn ich hatte unterwegs von der Not gehört, und sah zu, als Ihr vorhin die Erste Hilfe leistetet. Ja, das war gekonnt, als Ihr die Gefäße fülltet mit genau der berechneten Regenmenge. Nichts ging dabei verloren! Ihr habt viel dazugelernt, seit wir uns zum letzten Mal sahen - beim Wolkenbruch, Ihr versteht?"

Sebastian neigte beschämt den Kopf. Die Erinnerung an den Wolkenbruch war ihm sehr peinlich.

„Meister seid Ihr nun in der Kunst des Regenmachens", fuhr der Schwarzbärtige fort und zog eine Pergamentrolle aus seiner Tasche. „Hier ist der Meisterbrief!"

Sebastian kam es so vor, als träumte er. Jetzt sollte er es doch geschafft haben? Er strahlte vor Glück, als ihm der sonst so finstere Professor nun lächelnd die Hand drückte und schließlich so schüttelte, dass sie ihm fast abfiel.

„Was Ihr hier im Kleinen erreicht habt", sagte er nach einer Pause, „das werdet Ihr auch im Großen schaffen. Bleibt hier im Land. Es wird Euch noch länger nötig haben ..." Schelmisch schmunzelnd blickte er zu Prinzessin Leonore hinüber, die bei dem letzten Wort ebenso rot geworden war wie Sebastian. Doch darum kümmerte sich der Professor nicht, vielmehr überreichte er Sebastian gleich darauf einen viel größeren Kasten.

„In ihm findet Ihr alles, was ein Meister im Regenmachen benötigt", sagte er. „Wenn Ihr später mehr braucht, dann lasst es mich wissen!"

Am Abend dieses Freudentages verabschiedete er sich endlich von Sebastian, dem König und Prinzessin Leonore, die noch immer recht schwach war.

„Ach richtig, das hätte ich ja fast vergessen", sagte er, während er in seine Rocktasche fasste. „Ich habe Euch noch etwas mitgebracht, was Ihr in der Eile verloren habt, neulich, meine ich ..."

Es war der Kragen!

„Den Knopf habe ich leider nicht mehr finden können", sagte er bedauernd. „Und nun lebt wohl und lasst bald einmal etwas von Euch hören, lieber Sebastian!"

Sobald dieser freudig seine Zustimmung gegeben und seinen Dank gestammelt hatte, stülpte sich der schwarzbärtige Professor den schwarzen Zylinder auf den Kopf und schritt hurtig davon.

Sebastian schaute ihm nach, und ihm kam es so vor, als schillerte der sonderbare Zylinderhut in allen Farben des Regenbogens.

„Lebt wohl!", schrie er, so laut er konnte. „Lebt wohl und ... und grüßt die anderen Herren, und ich wünsche ihnen gute Besserung und baldige Genesung!" Dann wandte er sich um und ging in das Schloss zurück, wo Prinzessin Leonore auf ihn wartete.

Otto, der Klabautermann

Vor rund dreihundert Jahren war Patronia eine ebenso berühmte wie bedeutende Hafenstadt. Segelschiffe aus nah und fern ankerten hier, und Waren aus aller Herren Länder wurden in den Hallen an der Uferstraße feilgeboten. Viele Kaufleute fanden sich, die gutes Geld für die Woll- und Seidenstoffe, für Gewürze und edle Hölzer, für Zuckerrohr und Reis bezahlten. Deshalb herrschte im Hafen fast immer ein lebhaftes Treiben. Manchmal fanden sich auch der König von Patronien, sein Sohn, Prinz Felix, und seine Tochter, Prinzessin Regina, ein, um mit den Kaufleuten und Kapitänen zu sprechen und die ausgebreiteten Waren zu mustern.

Nun aber war es seit geraumer Zeit sehr still im Hafen, weil ein gefährlicher Seeräuber vor der Küste sein Unwesen trieb. Niemand wusste, woher er gekommen war, und niemand kannte seinen Namen. Man wusste nur, dass der Pirat, der Seeräuber, gefährlich war wie ein reißender Wolf, vor dem die anderen Schiffe wie Schafe und Lämmer Reißaus nahmen. Er hatte selbst die schnellsten Dreimaster eingeholt und ausgeraubt und manchmal auch die Schiffe versenkt, so dass die Matrosen mit ihrem Kapitän gleichsam um die Wette schwimmen mussten, um ihr Leben zu retten.

So kam es, dass der Hafen von Patronia leer blieb, worüber der König ebenso unglücklich war wie alle Bewohner des Landes. Prinz

Felix war kürzlich durch die Lande gezogen, um tapfere Männer zu suchen, die dem Seeräuber trotzen wollten. Prinzessin Regina lag derweilen mit Masern im Bett und fand kaum noch Schlaf, weil sie sich Sorgen machte. Zum Glück war sie auf dem Wege der Besserung und wartete auf eine Gelegenheit, wieder einen längeren Ausflug zu unternehmen.

In diesen Tagen lief nun zum Erstaunen, aber auch zur Freude aller ein stattlicher Dreimaster in den Hafen von Patronia ein, der große Mengen Gewürze und Seidenstoffe, aber auch Reis und Bananen mit sich führte. Der Jubel war groß, wie sich jeder denken kann. Einerseits freuten sich die Menschen darüber, dass endlich wieder ein Schiff im Hafen lag. Zum anderen hofften sie natürlich, dass sich der gefährliche Seeräuber aus dem Staube gemacht hatte und anderswo raubte und stahl. Solange das nicht mehr bei ihnen geschah, war es den Leuten ziemlich egal, was zwar nicht der feinen Lebensart entsprach, aber aus der Not erklärbar war. Im Übrigen bestand längst zwischen fast allen Ländern der Welt ein reger Handel, so dass eigentlich jeder betroffen war, ob der Seeräuber nun in der Nähe oder in der Ferne raubte.

Wie ein Lauffeuer sprach es sich herum, dass ein stolzes Schiff in den Hafen eingefahren war, und alle strömten herbei, um es zu betrachten und die Matrosen zu begrüßen. Bald kursierte auch das Gerücht, das Schiff der Seeräuber sei neulich auf ein Felsenriff aufgelaufen und gesunken. Es war davon die Rede, dass Fischer Augenzeugen gewesen seien, die ganz nahe unter der Küste ihre Netze ausgeworfen hatten. Aber niemand wusste Genaueres, und niemand konnte sagen, welche Fischer das gewesen waren. Trotzdem freute sich das ganze Volk über alle Maßen und jubelte, als wäre ein großer

Sieg errungen worden.

Unterdessen hatten zwei Kaufleute den stattlichen Dreimaster im Hafen näher in Augenschein genommen. Zwar blieben sie immer in einiger Entfernung, als wollten sie die Lastenträger, die die Waren von Bord schleppten, nicht stören, doch hin und wieder nickten sie sich zu. Manchmal nickte auch nur der eine und erst später der andere. Dann hatten sie es plötzlich sehr eilig. Unterwegs hörten sie, was von den Fischern erzählt wurde, die angeblich oder wirklich gesehen hatten, wie das Piratenschiff gesunken war. Doch nirgends verweilten sie. Vielmehr liefen sie auf dem kürzesten und schnellsten Wege zum König und beschuldigten den Kapitän des Dreimasters, dessen Name Knarxas lauten sollte, er und niemand anderes sei in Wahrheit der gefürchtete Seeräuber, der räuberische Wolf.

„Habt Ihr denn Beweise?", fragte der König ungläubig.

Die beiden Kaufleute sahen sich betroffen an. Nein, eigentliche Beweise hätten sie nicht, sagten sie. Aber sie wären sich ihrer Sache doch ziemlich sicher! So schnittig und wendig und dabei doch so mächtig wie dieser Dreimaster wären gewöhnlich nur Kriegsschiffe. Zwar hätten sie Kanonen oder anderes Kriegsgerät nirgends erblicken können, doch das habe nichts zu bedeuten, weil sie hinter vielerlei Verschalungen und Verkleidungen verborgen sein könnten. Sie wüssten in diesen Dingen recht gut Bescheid, sagten sie abschließend, denn ihnen wären viele Berichte über Piratenschiffe und dergleichen bekannt. Und deshalb hätten sie es für ihre Pflicht gehalten, dem König unverzüglich Meldung zu erstatten.

„Dafür danke ich Euch sehr!", erwiderte der König. „Doch könnt Ihr ganz beruhigt sein! Kapitän Knarxas ist der gefürchtete Seeräuber ganz sicher nicht. Um Euch aber Genüge zu tun, will ich noch einmal mit ihm sprechen. Bleibt nur hier!"

Wie bestürzt und erstaunt waren die Kaufleute, als sie nun erfuhren, dass Kapitän Knarxas dem König und der Königin bereits seine Aufwartung gemacht hatte und sich noch immer im Schloss aufhielt. Sie wurden bald gänzlich unsicher, und ihr schlimmer Verdacht schwand mehr und mehr, zumal Kapitän Knarxas in Begleitung der Königin und Prinzessin Regina erschien, mit denen er sich angelegentlich unterhielt.

„Was, ich soll der Seeräuber sein, der gefürchtete Wolf?", rief er entrüstet, nachdem ihm der König gesagt hatte, wessen man ihn bezichtigte. „Der Seeräuber ist schon längst über alle Berge! Sonst wäre ich doch niemals mit all den vielen Waren hier nach Patronia gelangt ... Und", fügte er lächelnd hinzu, „würde ich mich denn Knarxas nennen, wäre ich wirklich der schlimme Pirat? Knarxas, wie das schon klingt, nicht wahr? Schon als Kind bin ich deswegen gehänselt worden. Erst spät habe ich mich damit abgefunden, so zu heißen!"

Der König, die Königin und die Prinzessin lachten verständnisvoll und nickten. Wie um den Verdacht der Kaufleute, die noch immer etwas sorgenvoll dreinblickten, zu zerstreuen, lud er sie mit freundlichen Worten ein, am nächsten Morgen sein Schiff gründlich zu besichtigen. Dann aber warf er sich plötzlich vor der Prinzessin auf die Knie, küsste den Saum ihres Kleides und bat sie, die Untersuchung zu leiten, damit der schreckliche Verdacht von ihm genommen würde.

„Euern Worten wird man Glauben schenken", sagte er und blickte sie treuherzig an.

Die Königin nickte ihrer Tochter nach einigem Zögern zu, und auch der König willigte ein. Er machte aber zur Bedingung, dass Prinz

Richard, der sich als Gast im Schlosse aufhielt, sie begleitete. Der Prinz, der während der ganzen Zeit im Hintergrund gestanden und hin und wieder den Kapitän prüfend gemustert hatte, erklärte sich hierzu gern bereit. Und da Knarxas der Bedingung zustimmte, wurde vereinbart, dass die Besichtigung am nächsten Morgen um neun Uhr beginnen sollte. Mit diesem Bescheid eilte Kapitän Knarxas, sobald er Abschied genommen hatte, hurtig davon. Sein Gesicht strahlte, als er sein Schiff betrat. Hier empfing ihn sein Neffe Bonno, ein schmächtiger Mensch von vielleicht dreißig Jahren, blond, blauäugig und sommersprossig.

„Na", rief er aufgeregt, „hast du's geschafft?"

„Na klar, und es ging alles viel leichter, als ich dachte", erwiderte Kapitän Knarxas, während er sich vergnügt die Hände rieb. „Die Prinzessin war gleich Feuer und Flamme, als ich sie einlud, während wir das Schloss besichtigten. Dann aber kamen plötzlich zwei Kaufleute, die schlauer waren als alle anderen. Doch auch denen konnte ich Sand in die Augen streuen ..." Dann erzählte er seinem Neffen im Einzelnen, was er erlebt und welchen Bescheid er schließlich erhalten hatte.

„Das hast du großartig gemacht!", sagte Bonno voller Bewunderung. „Ich könnte so etwas nicht! Leider. Aber vielleicht bringst du es mir noch bei, ja?"

„Aber gewiss doch", sagte Knarxas und schlug ihm freundschaftlich auf die Schulter, dass Bonno fast aus dem Gleichgewicht geriet.

„Und für die Prinzessin verlangen wir dann 300 000 Dukaten Lösegeld, nicht wahr?"

„Nein, das Doppelte, 600 000!"

„Ist das nicht ein bisschen viel? Aber na gut, ich will ja von dir lernen! Nehmen wir also 600 000 Dukaten." Und er schlug sich vor Vergnügen auf die Schenkel, als sein Onkel sagte, das Lösegeld für Prinz Richard sollte 300 000 und für die beiden Kaufleute zusammen 100 000 Dukaten betragen.

„Das ist ja alles in allem eine runde Million!"

„Du kannst gut rechnen, Bonno", lobte ihn Kapitän Knarxas, und dabei lachte er unangenehm. „Morgen sind wir reiche Leute! Alles was wir bisher mit der Seeräuberei erworben haben, ist dagegen nur Kleingeld. Sozusagen. Jetzt können wir uns erstmal zur Ruhe setzen und Ferien machen!"

„Na, die haben wir uns nach all den Anstrengungen auch redlich verdient!", rief Bonno, der schon an das tolle Leben in einem Palast dachte, den sie sich kaufen würden.

„Redlich ist gut!", meinte sein Onkel und ließ wieder ein ungutes Lachen hören. „Redlich ist ein guter Witz! Wir und redlich, da lachen ja selbst die Hühner!" Er setzte sich derweilen an seinen Schreibtisch und begann eifrig zu schreiben. „Ich schreibe dem König einen Brief", erklärte er nach einer Weile. „Der wird sicher große Augen machen, wenn er ihn liest, wo er mich doch für einen besonders rechtschaffenen und tüchtigen Kapitän gehalten hat! Na ja, tüchtig bin ich ja auch wirklich!"

Während er das sagte, bleckte er die Zähne wie ein hungriger Wolf, um schließlich in heiseres Gelächter auszubrechen. Bonno meckerte zustimmend wie ein Ziegenbock. Plötzlich jedoch hielt er inne. Die Haare sträubten sich ihm. Mit zitternden Händen wies er zur Tür der Kapitänskajüte, in der sie sich befanden.

„Da! Da, sieh nur, Onkel! Da ist er eben reingekommen! Da steht er!"

„Was? Wer?"

„Das fragst du noch! Da, sieh nur selber! Es ist der Klabautermann! Und er hat alles mit angehört!"

„Bonno, du träumst ja am hellichten Tage", schnauzte ihn sein Onkel an, der sich umblickte, aber nichts sah als die Tür der Kajüte und einen kleinen feuchten Fleck auf dem Fußboden.

„Ich träume nicht", zeterte Bonno, ganz bleich im Gesicht. „Der Klabautermann ist wirklich da. Da, sieh' nur! Jetzt hat er seine großen Ohren aufgesperrt, dass sie fast so groß sind wie Teller! Siehst du ihn denn wirklich nicht?"

„Ich sehe nichts", fuhr ihn sein Onkel wütend an. „Außer uns ist niemand da. Alles, was ich sehe, ist ein kleiner nasser Fleck auf dem Fußboden!"

„Ja, und genau dort steht der Kerl! Wie der aussieht, immerzu anders, groß, klein, dick, dünn, mit langen Haaren, braunen, roten, grünen. Da, jetzt hat er gelbe Strubbelhaare und Sommersprossen!"

„Bonno, hör auf", schnauzte Knarxas. „Das ist alles Unsinn! Niemand ist da!"

„Willst du etwa behaupten, es gäbe keine Klabautermänner?"

„Jawohl, das will ich behaupten und damit basta! Klabautermänner gibt es nur in blöden Kindergeschichten oder in Märchen, die sich die Matrosen erzählen, wenn sie zuviel getrunken haben!"

„Hilfe! Hiiilfe!" schrie Bonno plötzlich. „Jetzt berührt mich der Kla … Kla … Klabautermann mit seinem linken Zeigefinger. Er hat seinen kurzen Arm ganz lang gemacht und fasst mich jetzt mit seinem Daumen und Zeigefinger an die Nase! Auuuu! Hilfe!"

Kapitän Knarxas fackelte nicht lange. Er holte aus und versetzte seinem Neffen eine Ohrfeige, dass Bonno fast vom Stuhl fiel.

„So, und jetzt siehst du den Klabautermann bestimmt nicht mehr",
sagte er dann. Und tatsächlich, so sehr sich Bonno auch anstrengte,
die unheimliche Gestalt mit den großen Ohren und den langen Armen
war verschwunden. Er nickte deshalb matt und ließ den Kopf hängen.
Manchmal fürchtete er sich vor seinem Onkel, der ihn um Hauptes-
länge überragte und bärenstark war.

„Ja, Onkelchen", sagte er gehorsam. „Ich muss geträumt haben.
Klabautermänner, die auf Schiffen mitfahren, kann es gar nicht geben.
Und es tut mir leid, dass mir solche Kindereien in den Sinn gekom-
men sind. Sicher habe ich heute zu lange in der Sonne gelegen ..."

„Na, siehst du! Jetzt bist du wieder vernünftig!", lobte ihn sein
Onkel, der bereits wieder zur Feder, einer schönen Gänsefeder, ge-
griffen hatte und ebenso emsig wie ungerührt schrieb. Bonno beugte
sich neugierig über seine Schulter und las:

Lieber Herr König,

*es tut mir kein bisschen leid, Euch mitteilen zu müssen, dass ich doch der
allseits gefürchtete Seeräuber bin. Die beiden Kaufleute hatten recht, aber Ihr
habt ja nicht auf sie hören wollen. Auch Eurer Frau, der Königin, kam ich
ein wenig verdächtig vor. Aber da Ihr so einfältig seid, habt Ihr darauf nicht
Acht gegeben.*

*Wenn Ihr diesen Brief erhaltet, befinden wir uns schon auf See. Prinzessin
Regina, Prinz Richard, der auch so komisch guckte, und die Kaufleute händi-
gen wir Euch nur dann heil und gesund aus, wenn Ihr eine Million Dukaten
zur Möweninsel schickt. Eine Million muss es aber sein! Vergesst das nicht,
Herr König. Aber ich bin sicher, dass Ihr mich nicht hinters Licht führen,
sondern dass Ihr alles tun werdet, was ich befehle! Schickt also Eure Boten
mit dem Geld zur Möweninsel. Alles Weitere findet sich dann."*

„Das ist ein wunderbarer Brief!", rief Bonno bewundernd aus. „Ach, von dir kann ich bestimmt noch viel lernen!"

„Das will ich meinen, du Grünschnabel", brummte sein Onkel gut gelaunt. „Halte dich nur ran, damit du nicht länger so ein Dreikäsehoch bleibst, der am hellichten Tag Gespenster sieht!"

„Ich will mir bestimmt noch mehr Mühe geben als bisher", versprach Bonno, dem jetzt wieder das viele Geld nicht aus dem Sinn ging. Sollten doch die blöden Klabautermänner machen, was sie wollen. Ach so, ja, dachte er schuldbewusst, es gibt sie ja überhaupt nicht! Das darf ich nicht vergessen, sonst schimpft der Onkel mit mir.

Dabei hatte er - natürlich - nicht geträumt. Der Klabautermann stand sogar noch draußen vor der Tür, nachdem er sich durch das Schlüsselloch zurückgezogen hatte, und zitterte. Er zitterte vor Zorn und vor Angst, denn er war ein besonders kleiner und darum besonders ängstlicher Klabautermann oder Schiffsgeist. Sein Zorn war jedoch erheblich größer als seine Angst. Deshalb beschloss er, noch während er vor der Tür stand und zitterte, den schlimmen Plan des Kapitäns mit einem gewaltigen Strich zu durchkreuzen, koste es, was es wolle. Jawohl, das wollte er tun, so wahr er Otto hieß.

„Du wirst dein blaues Wunder erleben!", flüsterte er und bohrte drohend seinen Zeigefinger durch das Schlüsselloch. Im nächsten Augenblick huschte er wie ein geölter Blitz auf seinen dünnen Beinchen hinab in den Kielraum. Hier machte er sich alsbald so dünn, dass er zwischen den Fugen einer dicken Bretterwand Platz genug für sich fand. Dort bewahrte er nämlich zwei Kästchen auf. Das eine enthielt einen Spezialholzbohrwurmextrakt, in dem anderen befand sich stark verdickte, pulverförmige Windstille. Wenn er den Holzbohrwurmextrakt mit etwas Klabautermannspucke anfeuchtete und ihn dann über Holz strich, zerfiel jeder Balken im Bereich des Anstrichs nach kürzester Zeit in feinste Sägespäne. Aber Otto wollte zunächst das andere Kästchen benutzen. Wenn er die pulverisierte Windstille gegen die Segel pustete, brachte auch der stärkste Wind das Schiff nicht voran.

„Morgen früh werde ich eine Prise Windstille gegen die Segel blasen!", murmelte Otto, als er zwischen den Brettern wieder hervorkam. „Dann kann der schlimme Seeräuber nicht wegfahren!"

Er drückte das Kästchen gegen seine Brust und schlich sich quer durch den Kielraum bis zu der Stelle, wo er sein Schlafplätzchen hatte. Unterwegs stolperte er allerdings beinahe über eine Ratte, die hungrig und geschäftig umherhuschte. Sie war nicht die einzige an Bord! Doch Otto, dem Klabautermann, taten sie nichts. So legte er sich auch an diesem Abend ruhig nieder. Das Kästchen stellte er neben sich.

Am nächsten Morgen ging die Sonne strahlend hinter dem Königreich Patronien auf. Sie tauchte das königliche Schloss, die Stadt und den Hafen von Patronia, aber auch das Piratenschiff in ihr goldenes Licht. Doch die finsteren Pläne von Kapitän Knarxas konnte sie nicht sichtbar machen. Alles schien ganz friedlich und still, aber es war eben nur die trügerische Ruhe vor dem Sturm, der bald losbrechen sollte.

Um Punkt neun Uhr rasselte die königliche Staatskarosse, mit vier Pferden bespannt, die Uferstraße hinab. Prinzessin Regina, Prinz Richard und die beiden Kaufleute stiegen im Schatten des Schiffes aus. Sie betraten den schmalen Laufsteg und kamen an Bord des Dreimasters, wo sie von Kapitän Knarxas und Bonno unter tiefen Verneigungen begrüßt wurden.

„Ich bin beglückt, so hohen Besuch an Bord meines Schiffes begrüßen zu dürfen", sagte der Kapitän mit salbungsvoller Stimme, und er lächelte dabei so freundlich wie ein Krokodil, wenn es nach Beute

Ausschau hält. Arglos reichten ihm die Ankömmlinge die Hand.

„Ihr nennt wirklich ein stattliches und über alle Maßen prächtiges Schiff Euer Eigen", meinte die Prinzessin, der dieser Ausflug sichtlich Freude bereitete. „Auf ihm fühlt man sich gleich sicher und geborgen. Oh, könnte ich doch einmal eine Reise mit Euch unternehmen, Kapitän!"

Knarxas verneigte sich tief, um sein Gesicht zu verbergen, über das sich bei den Worten der Prinzessin ein höhnisches Grinsen ausgebreitet hatte. Nur Bonno, der sich auch verneigt hatte, bemerkte es. Bevor der Kapitän seine Gäste in das Schiffsinnere führte, winkten diese noch einmal zum Schloss hinüber, wo der König und die Königin im Sonnenlicht auf der Terrasse standen und zurückwinkten. Dann traten sie in einen Vorraum, und es wurde fast dunkel. Bonno war, wie verabredet, der letzte, und als er sich mehr zufällig noch einmal umblickte, sah er Otto, den Klabautermann, wie er mit einem Kästchen eilig über das Deck huschte. Bonno musste sich sehr zusammennehmen, um nicht vor Angst und Schreck loszuschreien. Fast wäre er die Treppe hinabgestürzt, so eilig hatte er es plötzlich. Und er schloss mit einem dumpfen Knall die Tür hinter sich.

Kaum war er vom Deck verschwunden, da kamen von überall her Matrosen herbei, die die Masten emporkletterten, die Segel setzten und die Leinen lösten, mit denen das Schiff am Ufer vertäut war. Der Steuermann bestimmte den Kurs, und die Ausfahrt des Schiffes aus dem Hafen begann.

Im gleichen Augenblick jedoch öffnete Otto sein Kästchen und blies geschwinde hinein. Er blies und blies, aber die verdickte und pulverisierte Windstille blieb wirkungslos. Im Gegenteil, hurtig füllten sich die Segel mit Wind und trieben das Schiff rasch voran. Schon bald lag der Hafen hinter ihnen, die Stadt und das Schloss, wo die Königin gerade die Terrasse verließ und zum König sagte: „Ich habe so ein ungutes Gefühl!"

Das hatte auch Otto, und als er nun in seiner Verzweiflung in das Kästchen blickte, stellte er mit einem einzigen Blick fest, dass es leer war, obwohl es am Abend zuvor noch fast bis zum Rand gefüllt war. In der Nacht, während er schlief, mussten die hungrigen Ratten die Windstille heimlich vernascht haben! Nun war es Otto natürlich auch klar, weshalb sie am Morgen so unsicher auf den Beinen umherliefen. Sie mussten wohl unter mächtigem Magendrücken gelitten haben! Aber wen konnte das trösten? Der Dreimaster mit allen Seeräubern und ihrer Beute segelte vondannen, wie es der Kapitän geplant hatte.

Otto lief Hals über Kopf zur Treppe, die weiter in das Innere des Schiffes führte. Mit einem «Huiii» rutschte er das Geländer hinab, aber er kam zu spät. Prinzessin Regina, Prinz Richard und die beiden Kaufleute waren längst gefangen gesetzt und in verschiedene Lagerräume gesperrt worden. Kapitän Knarxas und Bonno gingen gerade zur Kommandobrücke hinauf. Knarxas rieb sich dabei befriedigt die Hände wie ein satter Wolf oder wie ein sattes Krokodil, falls die sich jemals die Hände oder Pfoten reiben.

„Siehst du, mein Söhnchen, das hat geklappt! D i e haben wir jetzt, und das Geld kriegen wir bald. Bis zur Möweninsel ist es nicht weit!", sagte er kichernd zu Bonno, der in Wahrheit ja nicht sein Sohn, sondern sein Neffe war. Knarxas nannte ihn nur sein «Söhnchen», weil er so gute Laune hatte. „Inzwischen hat der König durch meinen Boten bestimmt längst den Brief erhalten und wird nun Eile an den Tag legen, um das Geld herbeizuschaffen, die Million Dukaten! Hahahaha", lachte er. „Das hat wirklich ausgezeichnet geklappt. Du kannst stolz auf deinen Onkel sein, mein Söhnchen, wie? Und was ist nun mit deinem komischen Klabautermann, was? Der schläft, wenn es ihn überhaupt gibt, was ich nicht glaube!"

Während er das sagte, knuffte er Bonno in die Seite, und um seinen Onkel nicht zu verärgern, nickte dieser und meckerte so vergnügt, wie er nur konnte. Aber er war nicht vergnügt. Seit er den Klabautermann vorhin an Deck gesehen hatte, musste er immerfort an ihn denken. Da war kein Irrtum möglich!

Kapitän Knarxas hatte im Übrigen recht, als er sagte, der König von Patronien würde es eilig haben, ihm alsbald das viele Geld zu schicken. Es blieb ihm ja auch gar keine andere Wahl! Seit er den Brief in Händen hielt, war er wie vor den Kopf geschlagen, dass er dem Kapitän und nicht den Kaufleuten vertraut hatte. Nun musste er tun, was der Seeräuber verlangte. Das war klar! Sonst würde er seine Tochter, den Prinzen und die redlichen Kaufleute in die schwerste Gefahr bringen. Kriegsschiffe konnte er Knarxas nicht nachschicken, weil er keines besaß. Und ob sein Sohn inzwischen tapfere Krieger gefun-

65

den hatte, wusste er nicht. Die mochten, wenn es sie gab, an Land vielleicht den Sieg davontragen, doch auf See waren sie ohne entsprechende Ausbildung nichts nütze.

Der König zögerte tatsächlich nicht lange und ließ in der königlichen Schatzkammer eine Million Dukaten abzählen, was eine gehörige Zeit dauerte. Wer selbst einmal eine solche Menge gezählt hat, weiß das. Als die Arbeit schließlich vollbracht war, wurden die Dukaten in Säcke gefüllt. In der Schatzkammer blieb kaum etwas zurück. Doch das scherte den König jetzt wenig. Mit dem schnellsten Fischerboot, das im Hafen lag - es hatte nur einen Mast! -, schickte er einen seiner Minister samt dem Gelde zur Möweninsel, die gut drei Segelstunden im Westen lag. Lange blickte der König ihm nach, und mehrmals musste er zum Taschentuch greifen, um sich die Augen zu trocknen.

In der Zwischenzeit hatte der Dreimaster des Seeräubers die Möweninsel schon erreicht und Anker geworfen. Die See war ganz ruhig und sah bleigrau aus. Die Sonne strahlte heute nicht so wie am vergangenen Tag. Wolken bedeckten den Himmel. Unzählige Möwen kreischten ärgerlich, weil ihre Ruhe auf der Insel gestört wurde. Sobald man die Segel eingeholt hatte, zeigte sich indessen niemand mehr an Deck, so dass das Kreischen der Möwen ungehört verhallte.

Unter Deck war es dagegen längst nicht so still. Besonders lebhaft ging es vor allem in dem Lagerraum zu, in den man Prinzessin Regina gesperrt hatte. Sie schrie nicht etwa um Hilfe oder bejammerte ihr schweres Schicksal. Sie weinte auch nicht. Oh nein, sie war nicht gewillt, sich in ihr Los zu schicken. Die Worte, die sie sprach, galten Bonno, der sich heimlich zu ihr geschlichen hatte. Zwar war das Kapitän Knarxas verborgen geblieben, nicht aber dem Klabautermann.

Otto hatte vor der Tür Stellung bezogen, und er stand, noch immer untröstlich über sein Missgeschick, an dem die Ratten mit ihrer Naschsucht schuld waren, auf seinen dünnen Beinchen und rollte bei jedem Wort, das aus dem Raume drang, wütend mit seinen Augen. Seine Ohren hingen freilich schlaff herab. Das war immer so, wenn er traurig war. Natürlich hätte er das Schiff mit Hilfe des Spezialholz-bohrwurmextraktes jederzeit versenken können. Er brauchte nur die Wände an einigen Stellen damit zu bestreichen! Aber das hätte natürlich die Gefangenen schrecklich gefährdet. Deshalb beließ Otto das Kästchen zunächst noch in seinem Versteck. Ihm würde schon noch etwas anderes einfallen.

Da wurden die Worte im Lagerraum plötzlich lauter und lauter. Deutlich konnte man Bonnos Stimme vernehmen. Er schrie so laut, dass man nun jedes Wort verstehen konnte:

„So! So! Ihr wollt also nicht meine Frau werden?", rief er zornerfüllt und stampfte mehrmals mit dem Fuß auf. „Das werdet Ihr, jawohl, das werdet Ihr noch einmal bitter bereuen, Prinzessin! Bereuen werdet ihr das!"

„Scher dich raus, du frecher Seeräuber!", erwiderte die Prinzessin mit fester Stimme. „Dich werde ich niemals heiraten, du Nichtsnutz, auch wenn alle Menschen hier auf dem Schiff von sämtlichen guten Geistern verlassen sind! Und jetzt raus mit dir, sonst rufe ich deinen Onkel, damit er dich einmal übers Knie legt, du lausigster aller Lause-jungen!"

„Ach, nein, tut das bloß nicht, Prinzessin", jammerte Bonno, der ohne Erlaubnis, ganz und gar heimlich in den Lagerraum geschlichen war und nun Strafe fürchtete. „Tut das bitte, bitte nicht! Ich gehe ja schon! Ich gehe ja schon! Aber schließlich wird man ja wohl mal fragen dürfen!"

Tatsächlich erschien er gleich darauf in der Tür, die er hinter sich fest verschloss. Dann hielt er inne und schlug wie ein wütender kleiner Junge mit seinen derben Stiefeln gegen die Tür, dass es nur so krachte.

„Ihr seid eine ganz eingebildete und dumme, blöde Prinzessin", rief er dann. „Und damit Ihr es nur wisst! Ich mag Euch überhaupt kein bisschen! Ich hab' das nur zum Spaß gesagt!"

Als er sich dann umwandte, um wieder an Deck zu schleichen, zuckte er erschrocken zurück. Vor ihm stand der Klabautermann, der nicht von der Stelle gewichen war. Bonno erstarrte augenblicklich und sah aus wie ein Baumstrunk. Dann verdrehte er die Augen, vollführte einen Luftsprung, als sei ihm der Boden unter den Füßen zu heiß geworden, und rannte laut schreiend davon. Otto stellte ihm noch ein Bein, so dass Bonno der Länge lang hinschlug, dass es nur so krachte. Aber sogleich raffte er sich wieder auf und verschwand mit großen Sprüngen.

Otto sah ihm nach, zitterte dann einmal kurz und kräftig, weil er erneut schreckliche Angst verspürte, die ihn ja nie ganz verließ. Und vor Aufregung wurde er so blass, dass man fast durch ihn hindurchsehen konnte wie durch Glas. Doch dann fasste er einen Entschluss. Er zwängte sich durch die Türritze, um nun seinerseits der Prinzessin einen Besuch abzustatten.

Drinnen verbeugte er sich artig vor ihr und begrüßte sie mit einem Handkuss.

Prinzessin Regina erschrak heftig, als sie plötzlich ein kleines Tröpfchen auf ihrer rechten Hand glänzen sah. Ottos Kuss war nämlich ein wenig feucht ausgefallen! Ihn selbst erblickte sie nicht, weil es hier drinnen ziemlich dunkel und der Klabautermann noch immer fast durchsichtig war. Seine Aufregung hatte mittlerweile sogar noch zugenommen, weil die Prinzessin ungewöhnlich liebreizend und schön war. Jawohl! Otto liebte sie gleich vom ersten Augenblick an mit seinem ganzen kleinen Klabautermannherz! Deshalb drückte er noch einen zweiten, nicht weniger feuchten Kuss auf die Hand. Dann wandte er sich kurz ab, steckte seinen rechten großen Zeh in den Mund, was er immer tat, wenn er sich besonders aufregte. Der große Zeh beruhigte ihn auch diesmal, und so wurde er sichtbar. Als er sich der Prinzessin zuwandte, sah er, dass sie überhaupt nicht erschrocken war, sondern ihn freundlich anblickte, als begegnete sie jeden Tag einem Klabautermann, und sagte: „Lieber Klabautermann ..."

„Otto heiße ich!", wisperte er.

„Lieber Otto", sagte die Prinzessin lächelnd. „Du bist sicher ein guter Geist!"

„Oh ja", versicherte Otto.

„Dann ist das Schiff doch nicht von allen guten Geistern verlassen, wie ich schon dachte!", sagte die Prinzessin. „Kannst du uns denn helfen, dem Prinzen, den Kaufleuten und mir?"

„Ich hoffe es sehr", beteuerte Otto, und dann erzählte er, welch Missgeschick ihm mit der verdickten und pulverisierten Windstille zugestoßen war und dass die Ratten nun unter schrecklichen Magenbeschwerden litten. Aber sicher würde ihm noch etwas einfallen, was sie, die Gefangenen, aus den Händen der Seeräuber befreien könnte.

„Ich glaube, die haben alle ein Brett vor dem Kopf!", rief die Prinzessin zornig. „Die denken alle bloß ans Geld oder ans Heiraten! Was kann man nur dagegen tun?"

Otto antwortete nicht, denn er war über die Worte der Prinzessin sehr nachdenklich geworden.

„Ein Brett vor dem Kopf ...", murmelte er schließlich. „Das könnte die Lösung sein! Denn mit dem Spezialholzbohrwurmextrakt kann ich jedes Holz in feinste Sägespäne verwandeln, auch das allerdickste und allerhärteste! - Wo befindet sich denn das Brett vorm Kopf?", fragte er dann eifrig.

Prinzessin Regina hätte fast lauthals über den kleinen Klabautermann gelacht, weil er offenbar glaubte, es handelte sich um richtige Bretter. Aber sie wollte ihn nicht kränken. Deshalb erklärte sie ihm die Redewendung:

„Das Brett befindet sich an der Stirn, aber es handelt sich nicht um richtiges Holz. Man sagt das nur so. Menschen, die ein Brett vor dem Kopf haben, sind sozusagen blind. Sie sehen nicht, was jeder andere sieht. Die Seeräuber sehen zum Beispiel nicht, dass ihr wüstes Treiben zu keinem guten Ende führen kann. Irgendwann werden sie doch erwischt, und dann hilft ihnen all das gestohlene Geld nichts mehr!"

„Ach, so habt Ihr das gemeint, liebe Prinzessin", erwiderte Otto ganz enttäuscht. Nach kurzem Besinnen fuhr er jedoch fort: „Vielleicht haben manche Menschen aber doch richtige Bretter vor dem Kopf, die ich mit dem Spezialholzbohrwurmextrakt beseitigen kann, so dass sie wieder alles ganz klar sehen!"

„Ja, versuchen kann man es natürlich", gab die Prinzessin zu.

Jetzt hatte es Otto eilig. Er verabschiedete sich von der Prinzessin und eilte schnurstracks in den Kielraum, wo er zwischen den Brettern sein Kästchen mit dem so ungewöhnlichen Extrakt hervorholte. Mit diesem sauste er die Treppen hinauf und gelangte gerade in dem Augenblick an Deck, als die Boten des Königs von Patronien an Bord kamen. Sie schleppten einige Säcke herbei, in denen sich die vielen, vielen Dukaten befanden, eine ganze Million. Kapitän Knarxas nahm sie in Empfang, hob sie prüfend hoch, als wären sie so leicht wie Federbetten, und ließ sie fallen, dass es nur so klirrte. Dann lachte er unverschämt und bleckte wieder einmal seine Zähne wie ein hungriger Wolf, während Bonno, der dabeistand, meckerte wie eine sehr heisere Ziege. In Wirklichkeit war Bonno überhaupt noch nicht wieder fröhlich, vielmehr hatte er schreckliche Angst vor dem Klabautermann.

„Ich hab' mich anders besonnen!", sagte Kapitän Knarxas schließlich. „Das ist mir zu wenig Lösegeld. Ich will mehr, viel mehr, die doppelte Menge: zwei Millionen Dukaten. Dann soll der König seine Tochter, den Prinzen und die beiden Kaufleute wirklich wiederkriegen!"

„Onkel Knarxas!", rief Bonno entrüstet und mit ganz schriller Stimme, die vor Erregung bebte. „Das ist Vertragsbruch! Du darfst jetzt nicht mehr verlangen, als du in deinem Brief gefordert hast. E i n e Million wollten wir haben, nicht zwei! Wenn du jetzt plötzlich eine zweite Million haben willst, dann .. dann ist das richtig unanständig!"

Die Matrosen, die dabeistanden, nickten bei diesen Worten. Die Boten des Königs nickten ebenso.

„Auch Seeräuber halten ihr Wort!", setzte Bonno mutig hinzu.

Wiederum nickten alle. Nur einer nickte wieder nicht. Das war Kapitän Knarxas. Er ergriff seinen Neffen bei den Rockschößen, hob ihn am ausgestreckten Arm in die Höhe und rief mit zornbebender Stimme:

„Auf diesem Schiff bin ich Kapitän! Und ich allein bestimme, was geschieht! Habt ihr das verstanden, Leute?"

Die Matrosen sahen sich an, zuckten mit den Schultern und nickten erneut.

„Seht ihr! Das nenne ich vernünftig. Schließlich habt ihr ja kein Brett vor dem Kopf, sondern könnt zwei und zwei zusammenzählen oder eins und eins. Und ich wollte von vornherein z w e i Millionen Dukaten haben. Ich muss mich dann wohl verschrieben haben. Das stimmt doch, Bonno?"

Kapitän Knarxas schüttelte seinen Neffen, den er noch immer am ausgestreckten Arm in die Höhe hielt, so heftig, dass dieser kreidebleich wurde. Aber er kniff die Lippen zusammen und sagte nichts.

„Ich habe dich gefragt, Bonno, ob es stimmt, dass ich von vornherein zwei Millionen haben wollte! Antworte, oder ich werfe dich den Haifischen zum Fraß vor!"

Man sah es Kapitän Knarxas an, dass er seine Drohung wahr machen wollte, doch daraus wurde nichts, weil ... weil inzwischen Otto eingegriffen hatte. Der Klabautermann war, sobald der Pirat die zweite Million verlangte, zum vorderen der drei Maste geschlichen, wo er sein Kästchen hervornahm und den Spezialholzbohrwurmextrakt mit Hilfe von etwas Spucke anfeuchtete. Gleich darauf strich er eine tüchtige Portion davon rings um den Mast. Jetzt eben huschte er, vor Aufregung wieder fast ganz durchsichtig, geradewegs auf Kapitän Knarxas zu und rieb rings um dessen große Füße auch etwas von dem Extrakt auf die Bretter, so dass sich ein feuchter Kreis abzeichnete, was aber außer Bonno keiner bemerkte.

Bonno sah auch weniger den feuchten Kreis als vielmehr den Klabautermann, und er erschrak erneut so sehr, dass seine Kräfte sich verdoppelten, nein: verdreifachten. Er packte mit beiden Händen den Arm seines Onkels wie eine Reckstange, probierte rasch einen Aufschwung und vollführte anschließend eine schier olympiareife Riesenwelle. Im nächsten Augenblick war er frei. So schnell ihn seine Beine trugen, lief er davon.

„Ich will kein Geld mehr haben!", schrie er dabei, als steckte er am Bratspieß. „Ich will von dem Geld nichts mehr haben! Ich will auch kein Seeräuber mehr sein!"

„Wir auch nicht!", schrien die Matrosen wie ein Mann. „Wir wollen wieder friedlich unsere Arbeit tun!"

Kapitän Knarxas blieb einen Atemzug lang mit erhobenem Arm stehen, mit dem er kurz zuvor noch Bonno an den Rockschößen festgehalten hatte. Dann klappte der Arm herunter wie ein Taschenmesser. Und jetzt überstürzten sich die Ereignisse.

Zunächst fiel mit ohrenbetäubendem Krachen und Splittern der Vordermast um und stürzte ins Meer, zum Glück ohne jemanden zu verletzen. Der Spezialholzbohrwurmextrakt hatte sich damit voll bewährt. Im nächsten Augenblick gab der Boden unter Kapitän Knarxas nach, wobei eine kreisrunde Öffnung entstand, so wie Otto es vorgesehen hatte. Dann fiel der Seeräuber in ein finsteres Gelass hinab. Glücklicherweise war es von außen abgesperrt, so dass der Kapitän gefangen war. Hier konnte er niemandem mehr gefährlich werden, denn keiner machte Anstalten, ihm da herauszuhelfen.

Zum Dritten aber erschienen völlig unerwartet die Prinzessin, der Prinz sowie die beiden Kaufleute an Deck, voran der Prinz, der nicht nur sich selbst, sondern auch die Prinzessin und die Kaufleute befreit hatte, freilich nicht ganz ohne fremde Hilfe! Wie man sich denken kann, hatte auch da Otto seine Hand im Spiele. Den sahen nun plötzlich alle, auch die Matrosen und die Boten des Königs von Patronien, wie er vor ihnen stand, den großen Zeh im Mund, weil er sich doch so

73

aufgeregt hatte bei der ganzen Rettungsaktion. Nun aber wurde er sichtbar.

„Der Klabautermann, der gute Geist des Schiffes, er lebe hoch!", riefen alle im Chor. „Er lebe hoch! Hoch! Hoch!" Und sie hoben ihn auf die Arme, was Otto neuerlich so aufregte, dass er den rechten großen Zeh gleich im Munde steckenließ.

„Hört doch auf, Leute!", rief er endlich. „Ich habe schließlich nur meine Pflicht getan als guter Schiffsgeist, weiter nichts. Prinz Richard hätte euch vielleicht auch ohne mich befreit!"

Das aber wies der Prinz sogleich entschieden zurück, und er erzählte, wie er sich und die anderen Gefangenen befreit hatte.

„Ich habe Kapitän Knarxas von vornherein misstraut", sagte er, „mehr aus dem Gefühl heraus, dass mit ihm etwas nicht stimmt. Ich konnte dann aber leider an seinem Verhalten nichts entdecken, was den Verdacht bestätigte. Natürlich bin ich dann mitgegangen, weil ich Prinzessin Regina, wenn nötig, beschützen wollte. Am Morgen versteckte ich zwei scharfe Feilen in meinen Schuhen, mit denen ich im Laufe des Tages erst meine Fesseln und dann die der anderen durchsägte. Aber das habe ich nur tun können, weil mir die Ratten geholfen haben."

„Die Ratten? Wieso die Ratten?", fragte Otto verständnislos.

„Ja, das war ganz komisch", erwiderte der Prinz. „Es kam mir so vor, als plagte sie ein schlechtes Gewissen oder schlimmes Bauchgrimmen. Sie fraßen die Tür zu meinem Gefängnis mit unglaublicher Geschwindigkeit auf, und dabei merkte ich, dass sie sich immer wohler fühlten, als wäre das Holz Arznei für sie. Als die Reste der Tür schließlich aus den Angeln fielen, liefen sie gleich weiter, und auf dieselbe Weise konnten wir dann die Prinzessin und die beiden Kaufleute befreien!"

„Das haben sie getan, weil sie die verdickte und pulverisierte Windstille gestohlen und aufgefressen hatten!", rief Otto, und niemand bezweifelte das.

In diesem Augenblick erschien Bonno. Er zuckte erschrocken zusammen, als er den Klabautermann sah, fasste sich aber gleich und ging mit zitternden Knien auf ihn zu, streckte ihm die Hand hin und sagte: „Hab tausend Dank, lieber Klabautermann ..."

„Otto heiß ich", piepste Otto.

„Wie, ja? Ach so! Natürlich: Also, lieber Otto und Klabautermann, hab vielen Dank, dass du mir die Augen geöffnet hast. Ich war ganz blind vor lauter Habgier und Raffsucht", sagte er. Dann blickte er Prinzessin Regina an, die Prinz Richard die Hand gereicht hatte. „Und eingebildet und frech war ich auch. Wie konnte ich nur glauben, dass mich die Prinzessin heiraten würde?", und er schlug sich gegen den Kopf.

Otto nickte ihm freundlich zu.

„Du hast mich gleich gesehen", antwortete er dann. „Daran konnte ich erkennen, dass in dir ein guter Kern steckt. Und dann hast du dich ja auch von deinem Piratenonkel losgesagt. Das fand ich ganz toll! Denk' in Zukunft daran, dass du ja auch sonst ganz schön stark bist. Die Riesenwelle um den Arm deines Onkels soll dir mal erst jemand nachmachen!"

„Das stimmt", riefen alle. „Du wirst bestimmt ein guter Kapitän!"

„Das will ich gleich mal probieren!", rief Bonno, und als der Klabautermann ihm zunickte, übernahm er das Kommando über das Schiff. Er ließ die Anker lichten und steuerte es trotz des fehlenden Vordermastes sicher in den Hafen von Patronia zurück.

Der Jubel war groß, als bekannt wurde, dass dem üblen Seeräuber Knarxas das Handwerk gelegt worden war und dass dabei niemand Schaden erlitten hatte. Der König erhielt die Million Dukaten zurück. Einen Teil davon verteilte er aus Freude über die Befreiung seiner Tochter, des Prinzen und der Kaufleute an die Bewohner. Aber auch die reumütigen Matrosen erhielten jeder einige Dukaten. Für den anderen Teil sollte der Hafen von Patronia erweitert und ein starkes Kanonenboot gebaut werden, das die Küste bewachen sollte. Als Besatzung, sozusagen als Schutzpolizei, heuerte man die tapferen Männer an, die der Prinz von Patronien bei seiner Suche im Lande angetroffen und nun mitgebracht hatte.

Prinzessin Regina erhielt geraume Zeit später Prinz Richard zum Mann, worüber sich alle Bewohner Patroniens von Herzen freuten, vor allem aber der König und die Königin. Am glücklichsten waren freilich die beiden selbst, das versteht sich! Nur der kleine Klabautermann vergoss einige Tränen, weil er doch die Prinzessin vom ersten Augenblick an in sein Herz geschlossen hatte. Aber dann freute er sich doch, weil er dem guten Prinzen Richard die Prinzessin gönnte, denn Otto war ganz und gar selbstlos. Und schließlich ging auch er nicht leer aus. Ihm zu Ehren wurde auf dem Marktplatz zu Patronia ein schönes Denkmal errichtet, das ihn mit einem Kästchen in der Hand zeigte, in dem sich entweder die stark verdickte und pulverisierte Windstille oder der Spezialholzbohrwurmextrakt befinden konnte. Am Fuß des Denkmalsockels stand in großen Buchstaben: *Unserem Klabautermann Otto, dem guten Schiffsgeist, gilt immer unser Dank! Der König und die Königin von Patronien sowie alle Bewohner des Königreiches Patronien.*

Der Dreimaster, der bald wieder seinen dritten Mast erhielt, stand fortan unter dem Befehl Bonnos, der niemals mehr ein Seeräuber sein wollte. Kapitän Knarxas dagegen musste zur Strafe als einfacher Matrose Dienst tun. Und dass er niemals mehr gefährlich werden konnte, dafür bürgte Otto, der Knarxas zu guter Letzt etwas von seinem Spezialholzbohrwurmextrakt auf die Stirn gestrichen hatte, als der gerade wieder einmal rief: „Ich muss ein Brett vor dem Kopf gehabt haben!"

Und die, die dabeistanden, sahen, wie eine kleine Staubwolke entstand, die ganz so aussah, als bestünde sie aus feinstem Sägemehl.

„Da, schaut nur hin!", rief Knarxas und wies auf die Wolke. „Das war doch bestimmt das Brett! Und jetzt sehe ich auch plötzlich den Klabautermann, den es wirklich gibt, was ich bisher nie und nimmer glauben wollte! Von jetzt an will ich es nie mehr abstreiten. Und Otto soll in Zukunft immer mit mir zufrieden sein, das verspreche ich!"

„Jaja", sagte Otto einige Wochen später, als er Prinzessin Regina und Prinz Richard nach der Hochzeit beglückwünschte. „Mein Spezialholzbohrwurmextrakt ist einmalig gut. Wenn ihr ihn einmal braucht, dann lasst es mich wissen!"

Dann steckte er rasch seinen rechten großen Zeh in den Mund, weil er sich über den glücklichen Ausgang des Abenteuers so sehr freute, dass er ganz aufgeregt war.

August Amadeus Fischmoll

Im Zimmer ist es ganz still, geradezu mucksmäuschenstill. Der Herr Hofkompositeur August Amadeus Fischmoll steckt bis über beide Ohren in der Arbeit. Abwechselnd schlägt er einige Töne auf dem alten Klavier an, vor dem er sitzt, dann singt er mit kräftiger Stimme, hustet, spielt, singt und schreibt Noten auf saubere Notenblätter. Er komponiert, und er ist ziemlich kribbelig und aufgeregt, so als ob ihm die Zeit davonliefe.

Da, jetzt springt er von seinem Hocker auf, läuft ungeduldig im Raum umher, den Kopf gebeugt, das spitze Kinn vorgeschoben. Seine Augen flackern, als sei er schrecklich wütend. Er ballt die Hände und stößt sie in die Luft wie ein Boxer, der sich auf einen schweren Kampf vorbereitet.

Die frisch gewachsten Dielen knarren bei jedem Schritt so laut, dass man sich am liebsten die Ohren zuhalten möchte. Sie knarren sozusagen in allen Tonlagen. Aber das stört August Amadeus Fischmoll merkwürdigerweise überhaupt nicht. Daran ist er gewöhnt wie manche an ihre große Standuhr, deren Ticken andere wieder ganz konfus machen würde, vom Stundenschlagen ganz zu schweigen. Das Knarren ist es also nicht, was den Herrn Hofkompositeur immer aufgeregter werden lässt, der jäh vor dem Klavier stehenbleibt, das von unzähligen Notenblättern bedeckt ist. Er hebt den Kopf. Seine flackernden

Augen beginnen zu glänzen. Er öffnet den Mund.

„Dadummdadummdadada ..." August Amadeus singt. „Lalallalalalllala ..." Mit einem raschen Satz besteigt er nun seinen Hocker, wühlt in den Papieren, zieht endlich einen nur halb beschriebenen Bogen her und fliegt mit seinem am Ende abgekauten Federhalter über das Papier, während er weiter vor sich hinsummt.

„Lalallalallala ... dadummdadummdadummdada." Die Feder kreischt unter dem Druck seiner Hand. Sonst ist es wieder ganz still im Zimmer, wie schon gesagt: mucksmäuschenstill. Mäuschen? Ja, es ist still bis auf das kleine Mäuschen, das unter der altersschwachen Diele knuspert und knäuspert und raschelt. August Amadeus wischt sich mit einem großen karierten Taschentuch den Schweiß von der Stirn. Die blassen, eingefallenen Wangen röten sich. Seine Haare, die ihm ohnehin zu Berge stehen, richten sich noch mehr auf. Sein Blick wird starr. Und da geschieht, was bisher noch nie geschehen ist: Das Mäuslein streckt seine winzige Nase zwischen den Dielen hervor, just an der Stelle, wo ein kleines Astloch mehr Platz lässt. August Amadeus schreit auf: „Iiiiiih ...!", und steht im nächsten Augenblick auf seinem Hocker, die Arme wie abwehrend von sich gestreckt, was geradezu albern aussieht. Dem Mäuslein scheint dieser Anblick Spaß zu machen, denn es schiebt seinen Kopf noch weiter vor.

„Nein! Nein!", schreit August Amadeus, der nun vor Verzweiflung die Hände ringt. „Geh wieder weg! Geh schon! Geh schon. Bitte!"

Das Mäuschen rümpft belustigt die Nase, wendet seinen Blick dann aber von dem völlig verängstigten Hofkompositeur ab, da es auf dem Klavier, mitten zwischen den Notenpapieren, den Rest eines Butterbrotes erspäht hat.

„Piep! Pieppiep! Piep", macht es und schlüpft vollends zwischen den Dielen hervor.

August Amadeus stockt der Atem. Sein Herz schlägt so laut, wie eine der besagten Standuhren die Stunden angibt.

„Hilfe!" schreit er endlich, so laut er kann. „Zu Hilfe!" Zugleich macht er einen Schritt nach vorn. Der Hocker verliert das Gleichgewicht und mit ihm der Komponist. Den Bruchteil einer Sekunde schwebt er, hilflos zappelnd, in der Luft. Dann kracht es. Das ist nun auch dem Mäuslein zuviel. Wie der Blitz saust es unter die schützenden Dielen zurück.

Gleich darauf klopft es draußen laut und vernehmlich an die Wohnungstür. Eine tiefe Männerstimme ruft:

„Hallo! Heda, Herr Hofkompositeur! Hallo! Seid Ihr da?"

August Amadeus Fischmoll hört das wohl, allein er ist noch so benommen von dem Sturz, dass er sich zu keiner Antwort aufraffen kann. Er bleibt regungslos auf dem Fußboden liegen, alle Viere von sich gestreckt. Mit der einen Hand hält er den Sitz des Hockers umklammert, mit der anderen die Beine. Wahrlich, er bietet einen bejammernswerten Anblick!

„Hallo, zum Kuckuck! Herr Hofkompositeur! Herr Hofkompositeur, so öffnet doch die Tür!", ruft die Stimme von draußen wieder und wieder.

„Ach, halt's Maul", ächzt August Amadeus und schämt sich nicht einmal, dass er ein so hässliches Wort gebraucht, das am Hof gar nicht üblich ist. Aber niemand sollte deswegen zu streng mit ihm sein. Schließlich war August Amadeus auf seinen Hinterkopf gefallen, was ganz besonders schmerzhaft sein soll. Wer ähnliches erlebt hat, der weiß das!

Lieber Himmel, der Mann draußen vor der Wohnungstür gibt

wirklich keine Ruhe. Jetzt hämmert er mit aller Wucht gegen die Tür und schreit:

„Heda, Herr Hofkompositeur, hier steht ein Minister Seiner Majestät, König Georg Friedebold des Siebzehnten, der Euch unbedingt sprechen muss! Öffnet endlich!"

Da springt August Amadeus, als sähe er schon wieder die Maus, in die Höhe. Er eilt, während er sich den schmerzenden Kopf reibt, zur Wohnungstür, zieht den Riegel zurück und öffnet.

„Entschuldigt bitte, Exzellenz", stottert er. „Wenn ich gewusst hätte ... Aber dann war da plötzlich die grässliche Maus ... Ich bin auf den Hocker geklettert ... Und dann ..."

„Schon gut", unterbricht ihn der Minister ungnädig. „Erspart mir Eure sonderbaren Geschichten. Mich schickt Seine Majestät König Georg Friedebold XVII., Herr Hofkompositeur, wegen des bestellten Werkes, das Ihr gestern abliefern solltet! Habt Ihr es etwa noch gar nicht fertiggestellt?"

„Nein, nein, leider nicht", stammelt August Amadeus. „Es kam etwas dazwischen ... Und so bin ich leider in Verzug ..."

„Wie? Ihr habt das Werk wirklich noch nicht fertig?", erkundigt sich der Minister, als hätte er nicht richtig gehört, und er sieht den armen August Amadeus ganz von oben herab an, richtig hochnäsig. „Soso, Ihr habt es also wirklich noch nicht fertiggestellt?"

„Nein, ich sagte es doch schon. Aber ..."

„Kein Aber!", schnauzt der Minister. „Seine Majestät hat mich für den Fall, dass Ihr das neue Werk nicht fertiggestellt habt, beauftragt, Euch sein höchstes Mißfallen auszusprechen!"

„Das ist ja entsetzlich", stöhnt August Amadeus. „Seine Majestät machen mich ganz unglücklich ..."

„Das ist mir völlig schnuppe!", erwidert der hochnäsige Minister und betrachtet den Herrn Hofkompositeur wie ein Möbelstück, auf dem Staub liegt.

„Jaja, aber was soll ich denn machen? Herr Minister, Ihr könnt Euch anscheinend gar nicht vorstellen, wie schwer es ist, ein neues Werk zu komponieren und noch dazu einen Walzer zum Empfang Ihrer Majestät, der Königin Beate Dorothee von den neunzehn gesammelten Staaten!"

„Pipapo, auch das ist mir völlig gleichgültig, Herr Hofkompositeur. Schließlich ist es meine Sache nicht, sondern Eure! Und außerdem will ich Euch nicht vorenthalten, dass ich es ausgesprochen unpassend finde, einen Walzer zum Empfang zu spielen. Ein Marsch wäre viel besser!"

„Wie könnt Ihr so törichtes Zeug reden?", August Amadeus richtet sich zu seiner vollen Größe auf und funkelt den hochnäsigen Minister zornig an. „Ihr wisst genau, dass Seine Majestät geruhten, sich für einen Walzer zu entscheiden und nicht für einen Marsch! Zu Ihrer Majestät, Königin Beate Dorothee, passt ein Walzer auch viel besser: leicht und schwebend. Und nicht Tschingderassabumm-bummbumm! Kann auch gut sein. Aber alles zu seiner Zeit! Ihr wisst, dass Seine Majestät gewisse Pläne mit Ihrer Majestät …"

„Auch das ist mir, wie alles, was Ihr sagt, schnurzpiepe!" Der Minister stößt das Wort «schnurzpiepe» so heftig hervor, dass er zugleich etwas Spucke versprüht. „Zu einem anständigen Empfang gehört kein alberner Walzer, sondern ein Marsch, der es in sich hat und durch Mark und Bein geht!"

„Herr Minister, damit seid Ihr vollkommen auf dem Holzweg. Das muss ich Euch sagen. Und zum Glück hat seine Majestät darüber zu bestimmen und nicht Ihr, und Seine Majestät wünschen einen Walzer. Und ich komponiere ihm einen!"

„Sooooo?" Der Minister lächelt höhnisch. „Ihr komponiert ihn, den Walzer? Bis wann denn, bitte sehr? Bis zum nächsten Jahr, was? Und wenn er überhaupt fertig wird, dann klingt er bestimmt ganz grässlich! Na, mir soll's egal sein", fuhr er heftig fort. „Vergesst jedenfalls nicht, dass Ihre Majestät, Königin Beate Dorothee von den neunzehn versammelten Staaten, heute in einer Woche eintrifft! Also sputet Euch, Herr ... Herr Hofkompositeur Fischmoll!" Und den Namen «Fischmoll» sprach er auch wieder so zischend aus, dass August Amadeus erneut Spucke ins Gesicht sprühte.

„In drei Tagen bringe ich Seiner Majestät, König Georg Friedebold, das fertige Werk! Darauf könnt Ihr Euch verlassen!", sagt er dann mit fester Stimme. Und etwas kleinlauter fügte er hinzu: „Sofern mir Seine Majestät noch so lange Zeit lässt ..."

„Ja, leider", erwiderte der Minister wütend. „Genau diese drei Tage lässt Euch Seine Majestät, das soll ich Euch sagen, aber keine Stunde länger. Sonst, so hat Seine Majestät verfügt", fügte er grinsend hinzu, „sonst verliert Ihr Eure Stellung als Hofkompositeur. Und das ist zum Glück sein letztes Wort. Und meines erst recht! Und wie gesagt, ich bin für einen strammen Marsch und nicht für solchen Firlefanz!"

Ohne August Amadeus noch eines Blickes zu würdigen, wendet sich der so überaus hochnäsige Minister um und geht steif, als hätte er einen Stock verschluckt, davon.

Kaum ist er fort, verliert August Amadeus seine feste Haltung, die er eben noch gezeigt hat. Er weiß, dass sich ein Gewitter über ihm zusammenbraut. Seine Stellung am Hof ist gefährdet, zumal der Minister einen anderen Musiker und Komponisten gern an seiner

Stelle sähe, der nichts lieber als Märsche komponiert. Schon lange liegt er dem König im Ohr, ihn und nicht den «Herrn Fischmoll» mit der Aufgabe des Hofkompositeurs zu betrauen. Bisher aber vergeblich.

August Amadeus ist sehr unwohl. Er darf Seine Majestät nicht enttäuschen, aber was soll er denn machen, wenn ihm nichts Besonderes einfällt? Denn etwas ganz Besonderes muss es ja sein! Schließlich hat Seine Majestät, König Georg Friedebold XVII. Ihre Majestät, die liebreizende Königin Beate Dorothee von den neunzehn versammelten Staaten, in sein königliches Herz geschlossen. Und um sie gleich zu Beginn ihres lang ersehnten Besuches freundlich zu stimmen, hatte er August Amadeus beauftragt, einen ganz besonders schwungvollen, geradezu „luftigen" Empfangswalzer zu komponieren.

August Amadeus ist bestimmt ein weithin bekannter und bedeutender Musiker, auch wenn er vor kleinen Mäusen Angst hat. Unzählige schöne Werke hat er bereits komponiert. Immer war ihm etwas eingefallen! Nur jetzt ... gerade jetzt für diesen Walzer fehlt ihm eine herzbewegende Melodie! Seit zwei Wochen sitzt er nun bereits an dem Werk. Er hat unzählige Notenblätter vollgeschrieben, doch alles ohne Erfolg! Natürlich ist das schrecklich. Aber noch schlimmer ist, dass die kleine Maus, bei der mancher sicherlich begeistert riefe: „Ach, ist die süß!", gerade in dem Augenblick störte, als dem Herrn Hofkompositeur die ersten Takte des Walzers eingefallen waren. Und ein guter Anfang ist fast das Wichtigste am ganzen Werk! Das wird jeder Komponist, aber eigentlich auch jeder Dichter bestätigen: Ein guter Anfang ist wenigstens das halbe Werk oder die halbe Miete, wie man heute oft sagt!

Der Herr Hofkompositeur hat sich mittlerweile mit seinem Klavierhocker befasst. Irgendwie hält wieder alles zusammen. Zwar knackt es irgendwie bedenklich, als er sich draufsetzt, doch es geht. Mit einer einzigen Bewegung wischt er die Notenblätter herunter, auch das Butterbrot, dessen Duft dem Mäuslein in die Nase gestiegen war. Alles liegt jetzt kunterbunt auf dem Fußboden, wo schon vielerlei anderes kunterbunt durcheinandergeschoben umherliegt. Seit Tagen schon hat er nicht mehr aufgeräumt. Nun sind die Dielen fast vollständig bedeckt. Und es ist wieder ganz still, mucksmäuschenstill.

August Amadeus denkt nach, die Stirn gekraust, die Arme auf die Knie gestützt. Eine Stunde vergeht, eine zweite, eine dritte ... Viele Melodien ziehen ihm durch den Kopf, darunter viele schöne. Aber die sind schon alle bekannt. Natürlich stammen etliche davon von ihm selbst! Doch das nützt ihm jetzt nichts. Er braucht ja etwas Neues, etwas Funkelnagelneues! August Amadeus denkt wieder nach, pfeift auch mal oder singt. Ihm fällt nichts ein. Die Falten auf seiner Stirn werden immer steiler und dicker, die Wangen blasser und blasser. Immer tiefer beugt sich der Kopf. Wo bleiben die Noten, die Noten für den Walzer?

„Was mach' ich nur?", flüstert er endlich und fühlt sich ganz elend. „Wenn mir nichts einfällt, werde ich vom Hof gejagt. Noch schlimmer ist, dass ich den König enttäusche. Ich trage dann die Schuld, wenn Ihre Majestät, die Königin Beate Dorothee von den neunzehn gesammelten Staaten, Seine Majestät, König Georg Friedebold XVII., nicht mag ... Der Gedanke ist entsetzlich, geradezu eine Katastrophe! Königin Beate Dorothee soll eine besonders taktvolle, liebreizende, gescheite, in aller Welt angesehene Königin sein ...! Deshalb muss ich den Walzer komponieren, koste es, was es wolle! Ich muss! Ich muss! Ich muss! Punktum!

Aber das ist leichter gesagt als getan! Vieles lässt sich organisieren und kommandieren, aber Noten nicht! Ich habe schon 34 Walzer geschrieben, 20 Serenaden, 15 Sinfonien, sieben Opern, zwölf Singspiele, vier Musicals und 147 Lieder komponiert. Es wäre ja noch schöner, wenn mir nicht ein 35. Walzer einfiele."

Da schlägt es Mitternacht. August Amadeus unterdrückt ein Gähnen. Er ist sooo müde, soooooooo müde! Aber er darf nicht schlafen. Nein, erst muss der Walzer fertig sein!

„Beate Dorothee ...", murmelt er immer wieder vor sich hin, um sich wach zu halten. „Beate Dorothee ... Beate ... Beate Dorothee, mir tut der Kopf so weh, und Schafe machen «mähmäh» ..." Ja, soweit ist es nun schon mit dem Herrn Hofkompositeur gekommen. Er beginnt zu dichten. Sozusagen. Und August Amadeus dichtet, dann ist er am Ende seiner Kräfte angelangt.

Ich muss mich zusammennehmen!, beschließt er endlich, als ihm kein weiterer Reim auf Dorothee mehr einfallen will außer mit Wörtern wie Schnee, See, Klee, und das bringt ihn nicht weiter. Vielleicht hätte es ihm geholfen, wenn ihm das Wort «Fee» wie «gute Fee» in den müden Kopf gekommen wäre, aber das geschieht nicht. So nimmt er sich also zusammen, steht auf, zieht Rock und Weste aus, öffnet das Fenster, was schon manchmal geholfen hat, und beginnt, Gymnastik zu treiben. Kurzum: Er macht Turnübungen.

„Den Rumpf - beugt!", kommandiert er sich. „Und noch mal: beugt! beugt! beugt!" Ächzend richtet er sich jedes Mal auf. Schließlich lässt er die Arme kreisen wie Windmühlenflügel. Dabei wirft er aus Versehen die Kaffeekanne vom Tisch. Es klirrt gewaltig! Die Tasse kann er gerade noch auffangen! Er wird sich eine neue Kaffeekanne kaufen, sobald er den Walzer ... Aber für den hat er ja bisher nicht einmal den

Anfang. Deshalb macht August Amadeus gleich noch einmal zehn Kniebeugen und acht Liegestütze, bis die Arme nachgeben und er platt auf dem Boden und auf all den Papieren liegt. Doch er gönnt sich keine Ruhe. Er springt auf und setzt sich forsch auf seinen morschen Hocker, dass der nur so knackt. Doch das macht August Amadeus nichts. Er fühlt sich ungemein erfrischt. Es schlägt ein Uhr.

„Lalalalalallalallala ...", singt er. „Dadadadummdadummdada, dadada, dalalalallallala ..." Und nun fallen ihm die ersten brauchbaren Noten für den Walzer ein. Hastig schreibt er sie auf ein Notenblatt. „Dalaladummdadummdada ..."

Den Turnübungen sei Dank, seufzt August Amadeus Fischmoll erleichtert. Jetzt ist wenigstens der Anfang vom Anfang gemacht! Ich glaube, ich schaff' es doch noch!

Doch bald soll sich zeigen, dass er zu hoffnungsvoll gewesen war. Mit den paar Noten hatte er schon all sein Pulver - sozusagen - verschossen. Immer öfter muss er Noten wieder durchstreichen, die er gerade niedergeschrieben hat, und neue wieder ändern. Die Reihenfolge bleibt sich gleich: Schreiben, durchstreichen, schreiben, ändern, ändern ... Schließlich stellt er betrübt fest:

„Bis auf die ersten Takte ist alles Schnickschnack, Notenmüll!" Und sogleich streicht er mit einem dicken Rotstift alle übrigen Noten durch. Er nimmt einen neuen Bogen, schreibt die ersten Takte vornan und beginnt wieder zu singen: „Lalalalammbdalammdala dalalala dalalala ..."

Es schlägt vier Uhr, als ihm endlich wieder etwas Gutes einfällt. Leider steht er dabei neben dem Regal, auf dem oben eine schöne alte Vase thront wie eine Krone. Der Einfall kommt ihm so plötzlich, dass er die Arme hochreißt und zugleich einen Luftsprung vollführt. Alles zusammen bewirkt eine große Erschütterung der Dielen. Das Regal wackelt, und schon gerät die Vase aus dem Gleichgewicht und stürzt herab. Krach! Bumm! Peng! Klirr!

Doch August Amadeus achtet nicht darauf. Er eilt zum Klavier, setzt sich auf den bedenklich schwankenden Hocker, schlägt in die Tasten, und schon perlen die Töne in die frische Morgenluft. Dann schreibt er die Noten aufs Papier. Es sind viele Sechzehntelnoten dabei, schmale, dürre Dinger, die er rasch mit Querstrichen verbindet, damit sie nicht umfallen. Oder gibt es dafür andere Gründe? Dann summt er die Melodie mehrmals vor sich hin. Aber - wie merkwürdig! - diese Melodie stimmt nun gar nicht mit den Noten überein! Wie kommt das nur? Er beginnt hastig an den Noten herumzuverbessern. Er streicht ganze Zeilen durch, schreibt wieder neue Noten, verbessert, spielt, singt, summt, streicht, verändert ... Es ist immer dasselbe. Endlich hält er inne und betrachtet sein Werk. Doch noch immer stimmen die Noten nicht mit der Melodie überein, die er singt: „Trarararallalallalalla trararara ...“

„Zum Kuckuck!“, ruft er endlich wütend und verzweifelt
zugleich. „Was soll denn
das bedeuten?“ Er
nimmt ein neues
Notenblatt, überträgt
die ersten Takte und
schreibt weiter, bis
ihm die Noten vor den
Augen flimmern.
Nach einigen neuerli-

chen Turnübungen hat er diese Schwäche überwunden und betrachtet sein Werk.

Ja, soweit ist erst einmal alles in Ordnung. Aber wie soll es nun weitergehen? Es muss doch weitergehen! August Amadeus grübelt und grübelt, aber so sehr er sich auch anstrengt und neue Noten aufschreibt, bleibt es dabei, dass die Noten, die er aufschreibt, nicht mit den Noten übereinstimmen, die er singt oder auf dem Klavier spielt. Seine Schrift wird auch immer unleserlicher. Die Noten, ob dicker oder dünner, wirken immer zittriger und hinfälliger. Und da schlägt es fünf. Jetzt stehen manche Leute schon wieder auf. Und er hat sich noch nicht einmal hingelegt, um wenigstens etwas zu schlafen.

Ach, wie bin ich doch müde, denkt er, und um sein Blut wieder in Wallung zu bringen, beginnt er erneut mit seiner Gymnastik.

„Die Knie - beugt! Den Rumpf - beugt! Ihr Arme - kreist!"

Und er beugt die Knie und den Rumpf und lässt die Arme kreisen. Was macht es ihm schon aus, dass dabei eine kunstvoll geschliffene Kristallschale zu Bruch geht? Die Hauptsache ist doch, dass er wieder wach und munter wird! Schließlich glaubt er, genug getan zu haben. Er geht durchs Zimmer, rutscht dabei allerdings fast auf den Notenpapieren aus. Er bückt sich, kehrt mit den Händen ein ganzes Bündel zusammen und hebt es auf. Noch während er es hochhebt, wundert er sich über das Gewicht, doch legt er dem Ganzen keine Bedeutung bei, sondern wirft es achtlos auf das Klavier. Dann setzt er sich auf seinen Hocker, der diesmal leider nicht nur ächzt und knarrt, sondern unter ihm zusammenbricht, beim zweiten Mal und der nötigen Reparatur aber sein Gewicht wieder aushält. August Amadeus streicht kraftvoll einige Zeilen durch und schreibt neue Noten auf das Papier. Dann probiert er, wie das Ganze nun auf dem Klavier klingt. Er schlägt behutsam die Tasten an, dann entschiedener und schließlich haut er geradezu kräftig drauf, wird im nächsten Augenblick aber krebsrot vor Zorn und springt wieder auf. Die Melodie klingt ganz falsch! Für den armen August Amadeus ist das um so unverständlicher, als er am Tage zuvor das Klavier nach allen Regeln der Kunst gestimmt hat.

Nun ist es freilich nicht so unverständlich, wie es scheint. Einem aufmerksamen Beobachter wäre es nicht entgangen, dass das Mäuslein, während August Amadeus bald arbeitete, bald turnte, einer der Dielenritzen entstieg. Es hatte nach einer größeren Pause wieder Mut gefasst, sich vollends hervorzuwagen. Dies wurde ihm schon dadurch erleichtert, dass überall auf dem Fußboden verstreut die Notenblätter lagen. Unter ihrem Schutz arbeitete sich das Mäuschen bis zu der angebissenen Butterstulle vor. Da ihm ein Imbiss mitten im Zimmer zu gefährlich erschien, überlegte es, was es tun könne. Aber da bückte sich August Amadeus gerade, nachdem er auf den Papieren fast ausgerutscht war, raffte die Notenblätter zusammen, zwischen denen sich auch das Mäuschen mit seinem Butterbrot befand, und warf es auf das Klavier. Der Deckel stand ein wenig offen, und die Maus hatte Glück, dass es gerade vor dieser schmalen Öffnung landete. In seiner Verwirrung schlüpfte es hindurch, zerrte das Butterbrot hinter sich her und ruhte erst aus, als es sich - auf allerlei Metallstäben sitzend - in Sicherheit glaubte. Diese Sicherheit sollte sich aber umgehend als trügerisch erweisen, denn plötzlich hoben sich hier und da einzelne dieser Metallstäbe, und im Klavier begann es entsetzlich zu rumoren.

Und das geschah, als August Amadeus seine Walzermelodie auf dem Instrument anschlug. Sowohl das Mäuschen als auch die Butterstulle, die schon etwas ihre Form verloren hatte, wurden durch die

Metallstäbe gewaltsam in Bewegung gesetzt, wodurch sich ziemlich grausame Misstöne, vom Piepsen des Mäuschens einmal ganz abgesehen. Die gehen bei dem Lärm ohnehin unter.

Der Herr Hofkompositeur war durch seine Müdigkeit derart gereizt, dass er glaubte, die Noten hätten an der ganzen Sache schuld. Nie wäre er auf den Einfall gekommen, dass die gefürchtete Maus im Klavier saß und ihm gänzlich unfreiwillig diesen Schabernack spielte. Wohl eine Stunde lang wanderte er, mühsam um Fassung ringend, durch das Zimmer, um sich zu beruhigen.

Jetzt - um sieben Uhr - hat er sich soweit wieder in der Gewalt, dass er erneut auf seinem wackligen Hocker Platz nimmt. Er ergreift den Federhalter, streicht alle Noten durch und beginnt seufzend von vorn. So leicht ist er nicht kleinzukriegen. Oh nein! Aber noch während er schreibt, beginnen die Noten vor seinen Augen zu tanzen. Sie blähen sich zu großen Kreisen auf und schmelzen im nächsten Moment zu winzigen Punkten zusammen. Die Sechzehntelnoten, ohnehin mager und dürr, fallen gänzlich um und verknäulen sich, um dann plötzlich wieder strammzustehen wie Miniatursoldaten.

Dies alles geschah nun aber nicht wirklich. Allein dem armen August Amadeus erschien das so, weil er völlig erschöpft war. Nur mit äußerster Mühe hatte er zuletzt die Augen offen gehalten. Da! Und jetzt hält er die Lider sogar mit den Händen fest, damit sie nicht zuklappen! So müde ist er! Trotz aller Turnübungen, Rumpf- und Kniebeugen.

„Ich muss es schaffen! Ich muss! muss!", stöhnt er. Mit einiger Mühe bringt er es dann so weit, dass er die Noten wieder deutlich erkennen kann. Insoweit ist er wirklich nimmermüde! Zuversichtlich greift er mit neuem Mut zum Federhalter und schreibt. Da schlägt es acht Uhr. Der letzte Schlag ist noch nicht verklungen, als sich die Noten erneut aufblähen. Es sieht so aus, als ob man viele kleine Steine in einen Teich wirft. Die Kreise stoßen aufeinander, durchdringen sich und lösen sich schließlich im Nichts auf.

August Amadeus ist diesmal wie von Sinnen. Er glaubt, die Noten hielten ihn zum Narren, sie verspotteten ihn. Kurzum, er schiebt ihnen alle Schuld an seinem missglückten Walzer zu.

Und da schreit er die Noten an und sagt etwas ganz Entsetzliches zu ihnen, etwas so Schlimmes, dass man es kaum wiederholen kann. Er sagt: „Fliegendreck!". Er sagt: „Mäuseklunker!" Er sagt: „Affenspucke!" Solche Ausdrücke benutzt er sonst nie! Und nun geschieht umgehend etwas noch Unglückseligeres. Vor den Augen des Herrn Hofkompositeurs verlassen als erste die Sechzehntelnoten das Notenpapier. Sie laufen einfach davon. Sie laufen über den Rand des Bogens, springen über die Tasten des Klaviers und von dort auf den Fußboden, wo sie im sechzehnten Teil einer Sekunde in den Dielenritzen verschwinden.

August Amadeus hat sich von diesem Schrecken noch gar nicht erholt, der ihn beim Anblick der laufenden Noten durchzuckte, da rücken auch schon die Achtelnoten ab, in der gleichen Richtung. Auch sie verbergen sich im Dunkel zwischen den Dielen. Ihnen wiederum folgen die Viertelnoten und auch die halben. August Amadeus versucht mit den Händen nach ihnen zu haschen, aber er greift ins Leere. Als die Notenblätter alle leer sind, sinkt er gebrochen in sich zusammen. Dabei drückt er mit den Ellenbogen auf die Tasten. Dumpf dröhnt es im Klavier. Und sogleich stürzt oben aus dem Spalt des Klavierdeckels das Mäuslein hervor, das sich bis jetzt nicht hatte entschließen können, sein Versteck zu verlassen. Es raschelt behende über das Papier. So laut raschelt es, dass August Amadeus hochfährt, das Mäuslein also sieht und gerade noch Zeit findet, erschrocken aufzuschreien. Dann gibt der Hocker nach, und der Herr Hofkompositeur sinkt mit seinen Trümmern zu Boden. Und dort liegt er nun, und das Mäuslein betrachtet ihn voll inniger Anteilnahme. Aus Mitleid mit dem armen beklagenswerten August Amadeus, an dessen Unglück es sich plötzlich schuldig fühlt, quillen ihm - jawohl, es ist deutlich zu sehen! - zwei Tränen aus den klitzekleinen listigen Augen.

„Piep. Pieppiep", schluchzt es dabei und verschwindet im nächsten Augenblick unter den Dielen.

August Amadeus kommt bald darauf wieder zu sich. Er richtet sich mühselig zwischen den Bruchstücken seines Hockers, den Scherben der Vase, der Kaffeekanne und der Kristallschale auf. Sein Kopf dröhnt. Unsagbar müde greift er zu einigen Bogen Notenpapier und hält sie sich dicht vor die Nase, obwohl ein Blick genügt hätte, um zu erkennen, dass auch von ihnen sämtliche Noten verschwunden sind.

„Ich habe die Noten beleidigt!", stöhnt der geschlagene Hofkompositeur. „Und nun haben sie sich gerächt. Welch ein entsetzliches Geschick! Dagegen ist ja der Anblick einer kleinen Maus eine Kleinigkeit!" Der Jammer über sein Unglück schlägt wie eine Welle über ihm zusammen. Er sinkt auf die Trümmer zurück und schläft ein.

Damit ist die Geschichte natürlich nicht zu Ende. Sie wäre sonst gar zu traurig. Immerhin ist ja noch das Mäuschen da. Und das schläft nicht! Es sitzt rechterhand vom Klavier unter den Dielen und piept, dass es Stein und Bein erweichen könnte: „Piep ... pieppiep ... pieppiep ... piep ... piep ..."

Ein neunmal- oder gar zehnmalkluger Leser wird jetzt sagen: Natürlich piepen Mäuse, weil Mäuse nun einmal piepen oder piepsen.

Das weiß doch jeder und hat überhaupt nichts weiter zu bedeuten! Gemach! Gemach, lieber Leser, liebe Leserin. In dieser Geschichte hat das Piepen schon etwas mehr zu bedeuten. Deshalb tun wir gut daran, uns ein wenig unter den Dielen umzusehen. Mit etwas gutem Willen können wir alle durch das Astloch in der Diele schlüpfen, durch das auch die Maus entwichen ist. Nur Angsthasen bleiben zurück!

So, jetzt befinden wir uns unten. Viel Platz ist wirklich nicht. Deshalb möchte ich den Raum beschreiben, in dem wir uns befinden. Er ist etwa doppelt so groß wie eine Zigarrenkiste. Die Wände sind ganz glatt. Es sieht ganz so aus, als wären sie sauber abgenagt worden. Ja, und in der Mitte des Raumes sitzt das Mäuslein, und ringsherum hocken wie auf Zuschauertribünen eines Fußballstadions die entsprungenen Noten. In der ersten Reihe sitzen die Sechzehntelnoten, die sich wie brave Kinder bei der Hand halten. Dahinter sitzen oder stehen die anderen Noten. Das Mäuslein hat sich gerade auf die Hinterbeine gestellt und hält eine Rede.

„Piep ... pieppiep ... pieppieppiep ...", sagt es, was für jemanden, der gut hören kann, soviel bedeutet wie: „Ich finde, wir müssen dem armen August Amadeus auf irgendeine Weise wieder auf die Beine helfen, liebe Brüder und Schwestern!"

Sogleich ertönt als Antwort ein vielstimmiger Schrei:

„Er hat uns beleidigt! Er hat uns gekränkt! Er hat die Strafe verdient! Wir mussten ihn verlassen!"

„Liebe Freunde", piept das Mäuslein, „keine unnötige Aufregung. Ich weiß, dass August Amadeus etwas Entsetzliches zu euch gesagt hat. Das konntet ihr euch natürlich nicht gefallen lassen! Aber ist er jetzt nicht genug bestraft? Gibt es nicht noch viel mehr Musiker, die euch kränken, weil sie falsch spielen oder singen, ohne dass ihr weg-

95

lauft?"

„Das ist uns jetzt gleichgültig!", rufen die einen. „Und darum geht es jetzt nicht!", rufen die anderen Noten aufgebracht.

„Oh Freunde, nicht diese Töne!", piepst die Maus und blickt vorwurfsvoll in die Runde. Sogleich wird es still, mucksmäuschenstill.

„Die Sache ist doch die: Unser armer August Amadeus wird seine Stellung als königlicher Hofkompositeur verlieren. Man wird ihn mit Schimpf und Schande verjagen, auch wenn er sich in all den Jahren noch so viele Verdienste erworben hat. So etwas vergessen manche Menschen schnell. Dafür wird schon der eingebildete, hochnäsige Minister sorgen, das könnt ihr mir glauben! Oh, liebe Noten, bedenkt ernstlich, ob August Amadeus das verdient hat! Ist er nicht ein großer Musiker? Können wir nicht - fast immer auf ihn stolz sein? Hat er nicht - fast immer alles getan, um euch, ihr Noten, zu Ehren zu bringen mit seiner Musik?"

„Das hat er. Ja, das hat er. Das ist wahr ...", maulen die Noten, und es klingt wie ein Summen. „Aber was er heute gesagt hat ..."

„Liebe Brüder und Schwestern", piepst eifrig die Maus. „Man muss doch nicht jedes Wort auf die Goldwaage legen! August Amadeus war schrecklich müde und verdrossen. Ja, er war richtig verzweifelt, als er mich dann plötzlich sah. August Amadeus fürchtet sich nun einmal vor kleinen Mäusen, weißen oder grauen. Er gerät richtig aus dem Häuschen, wenn er ein Mäuschen wie mich sieht. Ich, ich allein habe ihm die Stimmung verdorben, liebe Noten ..." Das Mäuslein wischt sich mit den Pfoten über das Gesicht. „Ich allein kann ihm doch aber nicht helfen. Das müsst ihr tun, liebe Noten und Notinnen ..."

„Mmmmmmmh", summen die Noten, die ihre Rührung nicht mehr

verbergen können: „Mmmmmmh ...“

Das Mäuschen richtet sich zu seiner vollen Größe auf und fragt: „Ihr Lieben, sagt einmal selbst: Ist euch ein Walzer zum Empfang Ihrer Majestät, der lieblichen Königin Beate Dorothee, lieber oder ein Marsch?“

„Ein Walzer muss es sein! Ja, ein Walzer muss es sein ...“, tönt es im Dreivierteltakt vielstimmig aus der Runde, „nur ein Walzer, ja ein Walzer, ja, was andres darf's nicht sein ...“

„Das meine ich auch“, piept die Maus. „August Amadeus liebt die Walzer ebenso wie Seine Majestät Georg Friedebold XVII. Wenn ihr dem Herrn Hofkompositeur jetzt nicht helft, dann wird man zum Empfang der Königin der neunzehn versammelten Staaten einen Marsch blasen!“

„Entsetzlich“, wispern die Noten.

„Jawohl, entsetzlich wäre es“, nickt die Maus. „Und deshalb rufe ich euch auf: Kehrt an eure Plätze zurück! An die Arbeit, Brüder und Schwestern! Pieppiep!“

„So sei es denn!“, rufen die Noten im einstimmigen Chor. „Dies eine Mal wollen wir unserem Meister August Amadeus verzeihen. Wenn er aber noch einmal diese furchtbaren Worte zu uns sagt, dann wer-den wir nie wieder zurückkehren!“

Nach einer kurzen Pause erheben sich die Noten zur gleichen Zeit. Ein feines liebliches Singen ertönt in der Runde. Im nächsten Augen-blick sind sie im Dunkel über den Dielenritzen verschwunden. Und wir wollen ihnen rasch folgen.

Wir kommen gerade rechtzeitig. Soeben klopft es draußen wieder heftig an die Wohnungstür. Dieses Geräusch reißt August Amadeus aus seiner Betäubung, in der er bis zu diesem Moment gelegen hatte.

Er erhebt sich stöhnend und schlurft zur Tür. Draußen steht wiederum der hochnäsige Minister und rümpft die Nase beim Anblick des gar nicht königlich wirkenden Hofkompositeurs.

„Ich wollte Euch nur sagen, Herr Fischmoll", und wieder sprüht seine Spucke, als er den Namen «Fischmoll» ausspricht. „Ich wollte Euch nur sagen, dass Ihre Majestät, die Königin der neunzehn versammelten Staaten, bereits zwei Tage früher eintrifft als vorgesehen. Euer Walzer muss also bis spätestens morgen früh fertig sein!"

„Herr Minister", sagt August Amadeus mit fester Stimme. „Mich kann nichts mehr erschrecken!" Er verbeugt sich knapp und gemessen und schlägt dann dem Minister die Tür vor der Nase zu. Bumm! Dann geht er in sein Schlafzimmer, nimmt einen Koffer vom Schrank und beginnt seine Habe einzupacken. Am nächsten Morgen will er das Land verlassen, bevor man ihn hinauswirft.

„Ich bin ein gebrochener Mann", seufzt er. „In Zukunft werde ich mein Brot als Landstreicher verdienen müssen oder als fahrender Sänger, kann ich doch singen und hab' eine Geige, trallaladummda-dummdada …!" Als er zur Geige greift, fällt ihm etwas ein, und er eilt in die Küche, holt Rosinen und Korinthen aus dem Vorratsschrank und verstreut sie auf den Papieren.

„Ach, ihr lieben Noten", sagt er dabei, „das ist alles für euch!" Dann holt er noch eine kleine Schale mit winzigkleinen süßen Liebesperlen, etwas Grieß sowie gestoßenen groben Zucker aus der Küche. Wer weiß schon, was Noten essen?

„Ach, ihr lieben Noten", wiederholte er dann. „Ich habe Euch schrecklich beleidigt. Das tut mir leid. Ich will's auch nie wieder tun. Aber das geht ja auch gar nicht", fügte er hinzu, „weil ihr auf Nimmerwiedersehen verschwunden seid!" August Amadeus nickt mehr-

fach bekümmert und mit ganz trauriger Miene, läuft dann noch einmal in die Vorratskammer und holt ein Stück Speck. Das legt er an die
Stelle, wo er das Mäuslein zuletzt gesehen hat.

„Liebe kleine Maus", sagt er dabei. „Auch dir möchte ich noch eine
Freude machen, ehe ich morgen früh endgültig verschwinde. Nach all
den schlimmen Ereignissen verstehe ich gar nicht mehr, dass ich
immer solche Angst vor dir hatte. Du bist doch eigentlich sehr nied-
lich ... Ja, so ist es!"

August Amadeus nickt noch mehrmals, als wollte er das besonders
betonen, mit dem Kopf und geht dann, ohne den Notenblättern einen
Blick zuzuwerfen, in sein Schlafzimmer, wo er sich erschöpft auf sein
Bett wirft. Er schläft augenblicklich ein.

Am nächsten Morgen scheint die Sonne besonders hell. Ihre Strah-
len erhellen den Fußboden und malen goldene Kringel auf die Dielen.
August Amadeus bemerkt das allerdings gar nicht. Er verschnürt
hastig seinen Koffer und wirft ihn sich probeweise über die Schulter.
So würde er ihn nun auch tragen müssen, wenn er als Landstreicher
oder fahrender Sänger durch die Lande wanderte. Doch der Koffer ist
viel zu schwer für ihn. Ächzend sinkt er in die Knie.

„Weshalb bin ich nicht Gepäckträger geworden statt Komponist?",
murmelt August Amadeus verbittert. „Dann könnte ich jetzt wenigstens meinen Koffer tragen. Aber nicht einmal dazu bin ich mehr
fähig. So muss ich also ohne Koffer in die weite Welt ziehen ..."

August Amadeus erhebt sich, stößt den Koffer beiseite und betritt
zum letzten Mal sein Arbeitszimmer. Vor dem Klavier bleibt er stehen. Zärtlich streichelt er die Tasten.

„Ach ja", seufzt er. „Ich gehe nun. Bald wird der Minister kommen,
um mich aus dem Land zu jagen. Deshalb muss ich mich sputen ..."

Plötzlich hält er inne. Sein Blick ist auf ein Notenblatt gefallen. Und da sieht er, dass alle geflüchteten Noten wieder zurückgekehrt sind.

„Hurra!", schreit er. „Hurra, die Noten haben mir verziehen!" Und im selben Augenblick fällt ihm die schönste Melodie für einen Walzer ein. Er greift geschwind zum Federhalter, tunkt ihn in das Tintenfass und schreibt in einem Zuge den ganzen Walzer auf das Notenpapier. Und ihm ist dabei, als lachten ihm die Noten freundlich zu.

„Nun wird doch noch alles ein gutes Ende finden!", ruft er endlich, nimmt die Notenblätter und stürzt zur Wohnung hinaus.

Der Minister lächelt süßsauer, mehr sauer als süß!, als August Amadeus ihm sein Werk unter die Nase hält.

„Das hätte ich nicht gedacht", murmelt er verdrossen. „Nun wird doch so ein Schnickschnackwalzer gespielt ... Und dabei war ich schon sicher, dass Euch keiner mehr einfällt!" Ohne eine Antwort abzuwarten, rennt er davon. Er eilt nach Hause und packt in aller Hast seine Koffer. In einem Königreich, wo man zum Empfang einer liebreizenden Königin einen Walzer spielt statt einen Marsch zu blasen, will er nicht länger bleiben. Dann lässt er seine Kutsche kommen und fährt davon. Ja, wenn ein Minister außer Landes geht, braucht er seine Koffer nicht selbst zu tragen!

Am nächsten Tag scheint die Sonne noch heller und noch goldener vom Himmel herab. Und da kommt auch schon die prächtige Staatskarosse, von sechs Schimmeln gezogen, als führe sie auf blanken Sonnenstrahlen. Vor dem Schloss hält sie an. In diesem Augenblick hebt August Amadeus in bestem Sonntagsrock den Dirigentenstab, und das große königliche Orchester, das linkerhand von der Freitreppe Platz gefunden hat, beginnt mit dem Walzer.

König Georg Friedebold XVII. geht auf Ihre Majestät, die liebreizende Königin Beate Dorothee von den neunzehn gesammelten Staaten zu. Oh, wie hübsch sie doch ist, wie klug sie aussieht, wie golden ihr Haar in der Sonne leuchtet! Der König ergreift ihre Hand. Sie lächelt, nickt August Amadeus zu und winkt dem ganzen Orchester zu, das den schönsten Walzer aller Zeiten spielt.

Und nun geschieht etwas Wunderbares. Niemand weiß, wie es kommt, aber plötzlich beginnen König Georg Friedebold und die liebreizende Königin zu tanzen! Sie tanzen den ersten und schönsten Walzer ihres Lebens. Da ist der Jubel groß. Und als der Walzer zu Ende geht, weiß es auch der Dümmste: Beate Dorothee mag Georg Friedebold gern. Aber ein Walzer musste sein, sonst wäre das sicher keinem aufgefallen!

Von ferne aber schaut bei diesem glücklichsten aller Empfänge ein Mäuslein zu. Es wischt sich immer wieder mit den Vorderpfötchen die glänzenden Augen und piept:

„Unser August Amadeus ist doch wirklich ein großer Meister! Wie er das wieder hingekriegt hat! Alle Achtung. Pieppiep!"

Und in diesem Moment fällt ein Sonnenstrahl auf das graue Mäuslein, dass es plötzlich wie ein Goldstück leuchtet. Und hat es sich nicht in dieser Geschichte als eine wirklich goldige, als wahre Goldmaus erwiesen?

Das Fräulein mit
dem erhobenen Zeigefinger

Fräulein Eulalia von Kleckersdorf ist sehr verdrießlicher Stimmung.
Von dunklen Ahnungen bedrängt, eilt sie mit großen Schritten durch
den Schlosspark. Sie gleicht einer dahinsausenden Bohnenstange,
deren langer Schatten hinter ihr herquirlt wie die Hecklinie eines
Schnellbootes. Ihren rechten Zeigefinger reckt sie dabei drohend in
die Höhe, so als wolle sie ihn im nächsten Augenblick einem Feind
mitten durch die Brust bohren. Doch von einem Feind ist nichts zu
sehen. Es ist überhaupt nichts zu sehen. Deswegen ist Eulalia ja auch
so überaus zornig. König Archibald, außer ihr der einzige Bewohner
des Königreiches, ist seit dem Mittagessen verschollen.

„Ohne mich um Erlaubnis zu fragen", schnauft Fräulein von Kleckersdorf, ohne ihren Lauf zu bremsen. „Dabei habe ich ihm schon
tausendmal gesagt, dass er mich immer erst um Erlaubnis zu fragen
hat. Aber er ist genauso vergesslich, wie es einst meine Brüder waren ..."

„Kuckuck! Kuckuck!", schallt es wie eine Antwort von ferne herüber.

Eulalia fährt augenblicklich herum, denn sie meint nichts anderes,
als dass sich der König hinter den großen Zypressen oder Zedern
versteckt habe und sich nun über sie lustig mache. Vor zwanzig Jah-

ren hat er das schon einmal getan. Da war er zehn Jahre alt.

„Immer diese alten Witze!", ruft Fräulein Eulalia erbittert und eilt in die Richtung, aus der ihr der Ruf entgegenschallt. Sie ist völlig außer Atem, als sie schließlich - dem Kuckuck gegenübersteht, der seelenruhig weiterkuckuckt, weil so etwas im Märchen möglich ist. Außerdem leben normalerweise keine Kuckucke in so südlichen Gegenden, wo Pinien, Zypressen und Zedern wachsen. Wir haben es also mit einer Ausnahme zu tun. Wahrscheinlich ist dieser Kuckuck auch etwas ganz Besonderes!

„Alberner Vogel!", ruft Eulalia, dreht sich auf der Stelle um und rennt zum Parkweg zurück.

Mancher mag sich - Märchen hin, Märchen her - über das absonderliche Verhalten des Fräuleins von Kleckersdorf wundern. König Archibald hat sich auch einst darüber gewundert. Inzwischen hat er aber so viele blaue Wunder bei ihr erlebt, dass er sich das Wundern abgewöhnt hat. Er kennt sie nun schon seit dreißig Jahren. Als er sie zum ersten Male sah, war er erst einen Tag alt. Gerade an diesem Tage erschien Eulalia, als wäre sie vom Himmel gefallen, im Schloss und bot ihre Hilfe an. Sie wurde aus Mangel an Personal auch umgehend eingestellt. Es fehlte nämlich eine Erzieherin. Und seitdem erzieht Eulalia den König, heute nicht weniger als früher. Dabei hat sie nur selten den in die Höhe gereckten Zeigefinger sinken lassen. König Archibald hat es selbst nie erlebt, aber vor vielen Jahren hatten ihm damalige Bewohner des Königreiches unter dem Siegel der Verschwiegenheit erzählt, dass sie den Finger nicht immer so gehalten hätte. Da aber Archibald sie nie anders gesehen hatte, war er aus dem Grübeln darüber nicht herausgekommen, ob sie denn auch im Schlafe den Finger in die Luft bohrte ...

Als sie nun so durch den Schlosspark flitzt wie eine Windsbraut, hat sie jedenfalls den Zeigefinger besonders hoch erhoben. Gleich ist sie übrigens an der Grenze des Königreiches angelangt. Der Park lichtet sich bereits, und da - da tauchen auch schon die Grenzbefestigungen vor ihr auf, ein riesiger stachelgespickter mattgrüner Wall. In der Tat ein sehr bedrohlicher Anblick!

Diese Befestigungsanlagen dürften einmalig in der Welt sein. Eulalia hat sie vor genau 25 Jahren angepflanzt. Jawohl: angepflanzt! Sie bestehen nämlich aus Kakteen. Viele Meter hoch sind sie jetzt schon. Millionen Stacheln befinden sich allein auf der Außenseite, bereit, jeden Eindringling aufzuspießen. Die Millionen im Inneren haben dagegen die Aufgabe, den König aus seinem Königreich nicht herauszulassen, solange er noch nicht richtig erzogen ist. Also wohl nie, weil es nichts gab, womit man es Eulalia recht machen konnte!

Da, jetzt bleibt sie stehen und blickt sich misstrauisch um. Sie schnuppert, erst sacht, dann geradezu schniefend, was sich ja eigentlich nicht gehört. Aber Eulalia nimmt sich das Vorrecht heraus, laut und vernehmlich zu schniefen, was sie dem König nie hätte durchgehen lassen. Es riecht, findet sie, irgendwie brenzlig. Ob Archibald etwa kokelt?

„Das würde er nicht wagen", schnaubt Eulalia zornig. „Das habe ich ja einst sogar meinen Brüdern abgewöhnt, obwohl die noch viel ungezogener waren als König Archibald!"

Fräulein von Kleckersdorf, die stets großen Wert darauf gelegt hatte, Fräulein genannt zu werden, sticht mit ihrem Zeigefinger wieder und wieder Löcher in die Luft, während sie an der Grenze entlangläuft. Doch plötzlich bleibt sie stehen. Sie muss etwas entdeckt haben. Was mag das sein? Da, jetzt tritt sie näher an die Riesenkakteen heran und nähert vorsichtig ihr Gesicht dem Borstenwald, gerade an einer Stelle, wo ein haarfeiner Spalt zwischen zwei Kakteen klafft. Ganz blass ist sie. Es riecht hier auch viel brenzliger. Das Feuerchen kann gar nicht weit weg sein. Nur brennt es ganz offensichtlich nicht diesseits, sondern jenseits des Kakteenwalls.

Und da, zum Kuckuck, hört man doch ein schreckliches Geräusch. Klingt es nicht so, als ob jemand ein großes Messer wetzt? Oder sind es sogar zwei? Nein, drei sind es! Jetzt kann man sie ganz deutlich unterscheiden. Drei Messer werden geschliffen. Und wie das kreischt! Das ist ja überhaupt nicht zu ertragen! Und überhaupt: Was soll das alles bedeuten? Wer wetzt und wozu Messer an der Grenze des Königreiches?

Fräulein Eulalia starrt immer noch durch die Lücke, rührt sich nicht von der Stelle dabei, starrt und starrt und starrt … Ihre dünne Nase verschwindet fast in dem Spalt zwischen den Kakteen. Auf ihrer Stirn bildeten sich große Schweißtropfen.

„Als ich vor zwanzig Jahren zum letzten Mal in das Königreich da drüben blickte", murmelt sie nach einigem Besinnen vor sich hin, „ging gerade der König spazieren. Es war nämlich sein Schlosspark! Einfaches Volk hatte da überhaupt keinen Zugang! Wo käme man da auch hin? Alles muss schließlich seine Ordnung haben. Aber jetzt sitzen da drüben drei, von denen jeder sieht, dass sie zum Volk gehören, an einem Feuer und wetzen gewaltige Messer. Abscheulich!"

Natürlich mag sich jeder wundern, dass Eulalia so abfällig über das Volk, also die Bürger, spricht. Aber so war und ist sie nun einmal. Sie selber rechnete sich natürlich nicht zum einfachen Volk, überhaupt nicht zum Volk. Sie war das vornehme Fräulein von Kleckersdorf, Erzieherin des Königs, also von hohem Adel, wie sie meinte.

„Mit solchen Leuten habe ich nichts zu tun!", setzte sie ihr Selbstgespräch fort. „Meine Brüder haben immer solchen Unsinn erzählt, dass auch Könige Menschen seien. Das ist Majestätsbeleidigung! Und ich, die ich König Archibald überhaupt erst zum König erzogen habe, komme auch gut ohne das Volk aus. Diese Kerle da draußen sind nicht nur in den Schlosspark eingedrungen", fuhr sie fort, „ sondern maßen sich darüber hinaus an, sie hätten das Recht, ein Feuer zu entzünden und Messer zu wetzen wie Fleischer. Wo soll denn das hinführen?"

Als hätten die drei Männer ihre Worte und die Frage gehört, stehen sie plötzlich auf und kommen auf die Kakteen zu. Eulalia weicht erschrocken zurück, starrt aber weiterhin in die Richtung, wo sie die Männer hört, ohne allerdings ihre Worte verstehen zu können.

„Kuckuck! Kuckuck!"

Da hat sich zwischenzeitlich, ohne dass es Eulalia bemerkte, der Kuckuck auf dem höchsten Kaktus rechterhand gesetzt. Nun erhebt er sich vorsichtig von seinem unbequemen Sitz und umkreist das Fräulein, das von den Ereignissen jenseits des Kakteenwalls völlig in Anspruch genommen ist und den Kuckuck gar nicht bemerkt, der sich nun auf ihrem hochgesteckten Haar niederlässt, richtig häuslich. Es fehlt bloß noch, dass er an diesem sonderbaren Ort ein Ei legt! Eulalia schreit plötzlich los, aber nicht, weil sie das Vögelchen vertreiben will. Das hat sie immer noch nicht wahrgenommen. Sie schreit, weil sie die fremden Männer vertreiben will:

„Ihr ungezogenen Scheusale da draußen, das sage ich euch: Ihr habt hier nichts zu suchen. Das Herumlungern vor Königreichen ist verboten! Macht euch gefälligst aus dem Staube, sonst bekommt ihr es mit mir zu tun. Wenn ihr erstmal meinen wunderbaren Zeigefinger seht, vor dem sich bisher alle Welt gefürchtet hat, dann wird euch umgehend Sehen und Hören vergehen!"

„Kuckuck! Kuckuck!", ruft der Kuckuck, als wollte er die Worte Lügen strafen. Es klang nämlich ganz vergnügt. Ja, hier im Dutt des Fräuleins von Kleckersdorf fühlt er sich wohl! Noch tiefer kuschelt er sich in das Haar, und dann - ja, ist denn das die Möglichkeit! - dann legt er doch tatsächlich ein Ei, ein richtiges Kuckucksei in sein neues Nest, vollführt gleich darauf einen kleinen Luftsprung und saust eilig davon.

Auch Eulalia saust davon, ohne freilich etwas von dem Ei zu ahnen, das ihr der Vogel anvertraut hat. Sie rennt zum Schloss zurück, so schnell ihre Füße sie tragen. Um den Weg abzukürzen, läuft sie an den Häusern vorbei, in denen einstmals das Volk König Archibalds wohnte. Seit fünfzehn Jahren stehen sie nun leer. Fluchtartig hatte seinerzeit das Volk den Platz geräumt, als es auf die gleiche Weise wie der König erzogen werden sollte, zumal Eulalia dreist behauptete, sie wollte alle Menschen damit glücklich machen.

„Wir brauchen Eure Erziehung nicht und verabscheuen es, wenn Ihr uns zu einem Glück zwingen wollt, das wir für ein Unglück halten!", so lautete damals die einhellige Meinung der Menschen. Lieber wollten sie die Heimat verlassen, als sich weiter der Erziehung des Fräuleins auszusetzen. Auch König Archibald wäre allzu gern ausgewandert, aber im letzten Augenblick bekam er doch Angst vor dem erhobenen Zeigefinger, an den er ja schließlich von Kind auf gewöhnt war und der ihm sogar im Traum erschien. Nein, Archibald wagte damals nicht, gegen Eulalia aufzumucken. Deshalb erscheint es auch so ungewöhnlich, dass er seit dem Mittagessen spurlos verschwunden ist.

„König Archibald! König Archibald!", schreit Fräulein von Kleckersdorf, die bereits am Schloss angelangt ist und nun behende durch alle Räume flitzt, ohne auch nur eine Spur des Königs zu entdecken. Schließlich eilt sie in den Keller hinunter. Vielleicht hat sich der König in den Vorratsgewölben versteckt? Aber nein, hier ist er nicht! Er steckt weder in dem leeren Butterfass noch in einer Truhe noch sonst irgendwo.

Zuletzt bleibt nur noch die kleine Gefängniszelle übrig, der Karzer, ein dunkles Verlies ganz tief drunten. Seit zwanzig Jahren steht es jedoch leer, weil es ja keine Menschen mehr gibt, die man hineinstecken konnte. Nur König Archibald muss es von Zeit zu Zeit aufsuchen, um eine Strafe abzusitzen - bei Wasser und Brot. Vor acht Wochen saß er übrigens zum letzten Mal drinnen, weil er nach dem Mittagessen ein Stündchen geschlafen hatte, was Fräulein von Kleckersdorf nicht erlaubt hatte.

Gerade will Eulalia die eisenbeschlagene Tür öffnen, da bewegt sie sich plötzlich wie von selbst knarrend und quietschend in den Angeln.

„Hilfe!", schreit Eulalia, die erschrocken zurückfährt und darüber fast das Gleichgewicht verliert. „Hilfe!"

Im gleichen Augenblick tritt aus dem Dunkel des Verlieses wie ein dunkler Schatten - König Archibald.

„Verzeiht, gnädiges Fräulein", sagt er demütig. „Ich wollte Euch selbstverständlich keinen Schreck zufügen. Ich hörte Euch nur kommen und da dachte ich, Ihr wolltet mir vielleicht etwas sagen!"

„Was habt Ihr hier unten zu suchen?", herrscht ihn Eulalia an, ohne auf seine Worte zu achten. „Habe ich Euch das erlaubt, ja? Was bildet Ihr Euch denn ein, wie?"

„Ich habe ..., ich habe ...", stottert König Archibald kleinlaut. „Ich habe schwere Schuld auf mich geladen, gnädiges Fräulein, und da habe ich mich, um Euch die Arbeit abzunehmen, gleich selbst bestraft und hier eingesperrt!

Eulalia funkelt ihn zornig an, während ihr rechter Zeigefinger aufgeregt hin und her zuckt.

„Was untersteht Ihr Euch, König Archibald? Was nehmt Ihr Euch heraus? Ihr wagt es, meinen Anordnungen zuvorzukommen? Ihr wagt es, selbständig zu handeln, als wäret Ihr schon fertig erzogen?"

„Aber ich habe doch die Strafe verdient ..."

„Schweigt!" Eulalia piekt Archibald ihren Zeigefinger mitten auf die Brust. „Ich habe Euch in den letzten dreißig Jahren schon tausendmal gesagt, dass Ihr mich erst zu fragen habt, wenn Ihr etwas zu tun beabsichtigt, und Ihr habt mich auch um Erlaubnis zu fragen, wenn Ihr Euch bestrafen und selbst in den Kerker werfen wollt!"

„Zu Befehl ...!", stammelt der König wie ein Kind, das dachte, endlich einmal auf Zustimmung zu stoßen, dachte er doch, wenn er schon nichts von selbst tun durfte, so würde ihm doch wenigstens erlaubt, sich zu bestrafen.

„So, und jetzt sagt mir gefälligst, welche Schuld Ihr auf Euch geladen habt! Aber hurtig!"

„Es ist eine dreifache Schuld", erwidert der König bekümmert. „Erstens habe ich nach dem Mittagessen in dem großen Butterfass im Vorratskeller geschlafen, obwohl Ihr mir das Schlafen nach dem Mittagessen sowohl innerhalb als auch außerhalb des Butterfasses verboten habt!"

„Dafür bestrafe ich Euch mit einem Monat Kerker bei Wasser und Brot!", bestimmt Eulalia kurz und bündig. „Was ist nun Eure zweite

Schuld?"

„Zweitens ... zweitens habe ich, während ich in dem Butterfass schlief, geträumt, obwohl Ihr mir das Träumen sowohl innerhalb als auch außerhalb des Fasses verboten habt!"

„Zwei Monate bei Wasser und Brot!", bestimmt Eulalia, ohne mit der Wimper zu zucken. Doch dann fragt sie neugierig: „Was habt Ihr denn geträumt?"

„Das weiß ich leider nicht mehr genau. Ich weiß nur, dass ich endlich einmal glücklich war!"

„Glücklich? Glücklich?", fragt das Fräulein ungläubig, um dann mit schriller Stimme zu rufen: „Undankbarer! Mir so etwas anzutun, wo ich doch Tag und Nacht darum bemüht bin, Euch so glücklich zu machen, wie es sich gehört!"

„Es war ein schöner Traum!", sagt Archibald störrisch, und ein glückliches Lächeln tritt in seine Augen.

„Zwei Monate bei Wasser und Brot!", verfügt Eulalia.

„Aber, gnädiges Fräulein", jammert Archibald. „Das halte ich nicht aus!

Zwei Monate hintereinander hält es in diesem Kerker kein Mensch aus ..."

„Ihr seid kein Mensch, sondern ein König, merkt Euch das endlich einmal!", fährt ihn das Fräulein von Kleckersdorf wütend an. „Und nun sagt, was Eure dritte Schuld ist!"

„Die ist nun ganz geringfügig", versichert der König hastig. „Es handelt sich nur darum, dass mir so war, als hörte ich etwas ..."

„Was hörtet Ihr? War es eine Stimme?", will Eulalia wissen.

„Das weiß ich nicht so genau", erwidert der König und reibt sich die Nase. „Ich glaube, ich habe eher etwas gesehen, da drüben an der Wand. Es war wie eine Bildergeschichte ..."

„Na, das ist ja unerhört!", ereifert sich Eulalia. „Das wird ja immer schlimmer mit Euch! Was ... was wollt Ihr denn gesehen haben?"

„Auf dem ersten Bild sah ich drei Männer, Männer mit langen Messern. Ja, und die standen dicht vor unserem Königreich. Mir kam es so vor, als sagten sie ..."

„Ja, was sagten sie?", herrscht ihn das Fräulein an. Als er nicht gleich antwortet, bohrt sie ihm ihren Zeigefinger drohend gegen die Brust.

„Sie sagten, so kam es mir vor, dass sie mit der Erlösung noch warten wollten, bis es dunkel wird. Ja, so redeten sie in den folgenden Bildern miteinander, und dann wetzten sie wieder ihre langen Messer, dass es kreischte. Aber ich bekam gar keine Angst!", versicherte der König zufrieden. „Und auf dem letzten Bild habe ich nichts richtig erkennen können. Da ging alles so durcheinander. Aber irgendwie kam es mir dann wieder so vor, als sagte einer von ihnen etwas ..."

„Nun redet doch, Dummkopf! Was sagte einer von ihnen?", schreit Eulalia, als Archibald schwieg und nur glücklich lächelte.

„Er sagte, glaube ich, jetzt käme bald der große Augenblick, dass der König erlöst würde ... Und der König", unterbricht sich Archibald ganz verwundert, „der König war ich!"

Eulalia hat es die Sprache verschlagen. Ihr Zeigefinger sinkt langsam herab, wie ein welkes Blatt im Herbst zu Boden sinkt. Dann starrt sie Archibald durchdringend an und fragt mit bebender Stimme: „Wisst Ihr genau, dass es drei Männer waren ... Auf dem Bild, meine ich!"

„Oh ja, gewiss doch. Es waren drei!"

„Wie sahen sie aus? Nun sprecht doch!"

„So genau weiß ich es nicht mehr. Sie sahen sich irgendwie ähnlich wie ... wie ... Brüder. Ja! Ich wollte sie mir noch näher ansehen, aber da wurde es plötzlich dunkel. Da war nur noch die Wand. Aber irgendwie war alles wie ein schöner Traum. Nur war er jetzt aus!"

„Soso, da war der Traum aus!" Eulalia tupft eine Schweißperle von ihrer Nasenspitze. „Ihr seid also nicht mehr erlöst worden, König Archibald, was auch immer damit gemeint sein mag?"

„Nein", sagte der König traurig. „Da war plötzlich alles zu Ende."

„Undankbarer!", schreit Eulalia, während sie sich zu ihrer vollen Größe aufrichtet und auch den Zeigefinger plötzlich wieder emporreckt. „Undankbarer! Als ob es Euch bei mir nicht gut ginge. Da habe ich Euch nun dreißig Jahre lang erzogen und habe immer nur Euer Bestes gewollt. Meine Geduld war unerschöpflich, obwohl Ihr oft nicht auf mich hören wolltet. Aber das jetzt, das ist ja der Gipfel des Ungehorsams: Ihr seht Bilder an der Wand, seht ganz gemeine Männer mit Messern und wähnt, man wolle Euch erlösen! Das ist wirklich ungeheuerlich! Mir fehlen einfach die Worte!"

„Dann erspart sie Euch, gnädiges Fräulein, bitte. Natürlich weiß ich, dass ich furchtbar undankbar bin, und deshalb habe ich mich ja auch schließlich selbst eingesperrt. Es musste doch etwas geschehen nach soviel Unbotmäßigkeit, und Ihr wart ja nicht da ... Wo wart Ihr eigentlich?", fragt er dann plötzlich und blickt ihr geradewegs ins Gesicht.

„Das geht Euch gar nichts an!", ruft Eulalia erregt. „Gar nichts geht Euch das an!" Sie gibt Archibald einen unerwarteten Stoß, dass er in das Verlies zurücktaumelt. Dann wirft sie die Tür vor seiner Nase zu und schiebt den schweren Riegel vor.

„Vorerst werdet Ihr den Kerker nicht wieder verlassen", zischt sie mit heiserer Stimme. „Ich will Euch schon noch abgewöhnen, von Erlösung zu träumen, wo ich doch weiß, was Ihr zum wirklichen Glück braucht. Ohne mich seid Ihr nichts!" Dann eilt sie die Kellertreppe hinauf und bleibt endlich schweratmend vor dem Schloss stehen. Die sonderbaren Bilder, die der König gesehen oder geträumt hat, haben sie aufs höchste beunruhigt. Diese geradezu unheimliche Übereinstimmung zwischen dem, was sie zuvor mit eigenen Augen jenseits des Kakteenwalls gesehen hatte, und dem, was dem König so bildhaft an der Wand erschienen war, gibt ihr zu denken. Sie spürt in allen Gliedern, dass Gefahr im Anzuge ist - trotz aller Befestigungsanlagen.

Sie braucht einige Minuten, um sich etwas zu beruhigen. Dann beschließt sie, unverzüglich zu handeln. Sie eilt spornstreichs in einen besonderen Teil des Schlossgartens, der von einer dichten Kakteenhecke umsäumt ist. Allein durch eine schmale Pforte kann man hineingelangen, für die nur Eulalia einen Schlüssel hat. An diesem Ort befindet sich nämlich ihre Waffenkammer!

Sie ist inzwischen schon eingetreten und schreitet mit großen Schritten einen langen Weg entlang, zu dessen beiden Seiten sich Kakteen in allen Größen und Formen erheben. Da sind schmale Kakteen mit kurzen, aber sehr harten Stacheln, die ausgezeichnete Keulen abgeben. Da sind aber auch kürbisähnliche Kakteen mit meterlangen Stacheln, die als Straßensperren dienen können, und kleine sichelförmige Kakteen, die mit winzigen, dafür aber giftigen Stacheln gespickt sind. Fräulein von Kleckersdorf nimmt sie jedoch alle nicht. Sie eilt spornstreichs zu einem Beet, auf dem eine ganz besondere Sorte von Kakteen wächst. Sie haben einen glatten Stiel, dem ein kleiner Kugelkaktus aufgesetzt ist. Das sind Eulalias gefährlichste Wurfgeschosse. Etwa ein Dutzend zieht sie aus der Erde und legt sie, den Stiel jeweils nach oben, in einen Korb. Mit diesem eilt sie wenig später durch den Park, eben zu jener Stelle, von der sie die drei Messerwetzer beobachtet hatte.

Mittlerweile ist übrigens die Dämmerung hereingebrochen, und nun wird es zusehends dunkler und dunkler. Der Mond steht am sternenübersäten Himmel und taucht Bäume, Sträucher, Blumen und Wege in sein silbriges, verschwimmendes Licht, in dem sich die langen und schwankenden Schatten wie unheimliche Gestalten ausnehmen. Doch Eulalia kennt keine Angst, und zudem ist sie fuchsteufelswild. Allein ein Gedanke erfüllt sie: Sie muss die Männer vertreiben, koste es, was es wolle.

Da liegt auch schon der Kakteenwall vor ihr. Sie will gerade nach links abbiegen wie vorhin, da sieht sie etwas, was ihrem Herzen doch einen gewaltigen Stich versetzt. Wenige Schritte vor ihr tauchen, vom Mondlicht bestrahlt, die blanken Spitzen dreier Messer aus den Kakteenschäften auf, und zwar ziemlich dicht über dem Erdboden. Sie werden fast gleichzeitig zurückgezogen und wieder nach vorn gestoßen, dann säbeln die scharfen Klingen mit weiteren Schnitten vier, fünf, sechs Ungetüme um. Ächzend und seufzend sinken sie nach vorn über. Nur durch einen raschen Sprung kann sich Eulalia in Sicherheit bringen, sonst wäre sie unter einem der Riesen begraben worden.

„Meine schönen Kakteen", jammert sie, als gäbe es jetzt nicht andere Sorgen. „Wie leicht kann mir jetzt der König entwischen!"

Als hinter den Kakteenstümpfen plötzlich die Gestalten der drei Männer auftauchen, die sie bereits am Nachmittag beim Messerwetzen beobachtet hat, greift sie flugs in ihren Korb und schleudert ihnen die Kaktuswurfgeschosse entgegen. Aber nur wenige treffen. Die meisten werden von den Messern mitten in der Luft durchgeteilt und fallen wirkungslos zu Boden. Doch Eulalia gibt den Kampf noch lange nicht auf. Mit drohend erhobenem Zeigefinger geht sie auf die Männer zu. Der war bisher immer ihre beste Waffe!

„Fort mit euch!", schreit sie. „Packt euch, ihr lästigen ungezogenen Menschen, ihr gewalttätigen grässlichen Messerwetzer, oder soll ich euch Beine machen? Wisst ihr denn gar nicht, was sich gehört, ihr Scheusale, ihr Kaktusumsäbler ihr, ihr Rumtreiber, wer hat euch erlaubt, hier einzudringen? Ja, da bekommt ihr nun wohl doch einen gehörigen Schreck! Das ist auch gut so. Schrecken ist das beste Erziehungsmittel! Und ich, Eulalia von Kleckersdorf, bin die beste Erzieherin von der ganzen Welt. Macht euch davon und kommt mir nicht noch einmal unter die Augen, Menschengesindel!"

Die Männer, ältere Herren zwischen 50 und 60 Jahren, bleiben stumm, rühren sich auch nicht von der Stelle. Als Eulalia aber erneut zu zetern beginnt, kommt einer der drei wortlos auf sie zu, hebt sie mit beiden Händen in die Höhe und setzt sie, so sehr sie auch zappelt, auf den nächstbesten Kaktus. Und da lässt Eulalia ihren Zeigefinger fallen wie einen Stein.

Ohne ihr auch nur noch einen Blick zuzuwerfen, schreiten die drei stumm und gebeugten Hauptes durch den Park davon. Sie schreiten in völligem Gleichmaß, mit ebenmäßigen Bewegungen dahin und erreichen nach einiger Zeit das vom Mondlicht überflutete Schloss. Sie treten, noch immer schweigend, ein, durchqueren die große Halle und gelangen zu der Treppe, die in die Kellergewölbe führt. Sie scheinen sich auszukennen, denn nirgends zögern sie, nirgends gibt es erkennbare Zweifel. Ohne auch nur einmal aus dem Tritt zu kommen, langen sie endlich vor der Tür des Kerkers an, hinter der der König steckt. Mit dem Knauf seines Messers schlägt einer von ihnen, der kleinste, dreimal gegen das eisenbeschlagene Holz, so dass es im ganzen Schloss ganz sonderbar dröhnt.

„König Archibald!", ruft nun der zweite.

„Ihr seid erlöst!", ruft der dritte.

Während drinnen König Archibald aufschreit, sagt der erste zum zweiten: „Bruderherz", und zum dritten sagt er auch: „Bruderherz ..."

„Ja, was ist denn, Bruderherz?", fragen beide.

„Ach, Bruderherzen", sagt der erste, „jetzt haben wir uns solche Mühe gegeben, den König nach allen Regeln der Kunst zu erlösen. Wir haben die Messer gewetzt, wir haben die Stachelungetüme umgesäbelt, wir haben Eulalia auf einen Kaktus gesetzt, wir sind schweigend durch den Park marschiert, wir haben - wie sich das gehört - dreimal gegen die Tür geklopft, und dennoch, glaube ich, haben wir etwas vergessen?"

„Den Eindruck habe ich auch", bestätigt der zweite.

„Mir kommt es so vor, als wäre ich wie vor den Kopf geschlagen. Irgend etwas haben wir noch zu tun. Erst dann ist der Weg offen!"

„Ihr müsst den Riegel zurückschieben!", ruft der König, der drinnen alles mit angehört hat. „Erst dann kann ich hier raus!"

„Das ist die Lösung", stimmt der erste begeistert zu. „Wir werden eben allmählich alt und vergesslich!" Im selben Moment will er den Riegel anfassen, aber der dritte kommt ihm zuvor.

„Ich muss das machen!", erklärt er mit fester Stimme, „sonst klappt es nicht." Und er zieht den Riegel zurück. Die Tür öffnet sich. König Archibald stürzt heraus und fällt seinen Rettern um den Hals.

„Habt Dank Ihr Herren, wer Ihr auch sein mögt! Es ist nun schon viele, viele Jahre her, dass ich Menschen gesehen habe, richtige Menschen, die nicht ständig den Zeigefinger in die Höhe recken und alles bestimmen wollen. Endlich bin ich frei und kann tun, was ich für richtig halte. Ihr habt ein Wunder vollbracht!"

„Oh", sagt eifrig der dritte. „Wir sind immer noch nicht fertig mit unserer Arbeit!"

„Durchaus nicht", ergänzt der erste und blickt auf sein Handgelenk, als wäre da eine Armbanduhr. „In dreißig Minuten müssen wir unsere Schwester von dem Kaktus, auf dem sie sitzt, herunternehmen und erlösen ... Jaja, Ihr könnt Euch gar nicht vorstellen, Herr König, wie anstrengend und mühsam es ist, jemanden zu erlösen. Da muss man genau aufpassen und die Regeln einhalten! Wenn wir nur eine Minute später kommen, sitzt unsere Schwester ein für allemal fest auf dem Kaktus ..."

„Aber meine Herren", ruft der König ganz verwundert. „Ihr sprecht immerzu von Eurer Schwester. Meint Ihr etwa Eulalia? Und wieso sitzt sie auf einem Kaktus?"

„Ja, so schreibt es die Regel für einen solchen Fall vor", bestätigt der dritte, und auf seiner Stirn entstehen steile Falten. „Es ist nämlich so", fährt er fort, „dass Eulalia nicht nur unsere Schwester ist, sondern eigentlich auch eine Hexe, obwohl es in unserer Familie noch nie eine Hexe gegeben hat. Von klein auf hatte sie nichts anderes im Sinn, als alle Welt, vor allem aber uns, ihre Brüder, zu erziehen. Sie glaubte, sie könne damit die Welt verbessern. Es wurde immer schlimmer, je älter sie wurde. Und dann kamen unsere Eltern bei einem schrecklichen Unfall ums Leben. Von dem Tage an wurde es mit Eulalia unerträglich.“

„Wirklich“, bestätigte der älteste der Brüder, „wir wussten weder aus noch ein. Und bei einem Streit sagten wir ihr dann, sie solle verschwinden. Wir hätten es satt, von ihr drangsaliert, geschurigelt und gegängelt zu werden. Sie solle sich gefälligst andere suchen, die sich das gefallen ließen.“

„Und da geschah etwas ganz Merkwürdiges“, ergänzt der zweite. „Kaum hatten wir das gesagt, da verschwand Eulalia mit einem Schwuppdiwupp ...“

„Oder auf einem Besenstiel!“, ruft der dritte.

„Also das wissen wir nicht. Keiner von uns hat den Besenstiel gesehen. Jedenfalls verschwand unsere Schwester, wie man das von Hexen weiß, mit einem Schwuppdiwupp. Damals war sie genau 29 Jahre alt, zehn Jahre älter als der älteste von uns!“

„Es war der 30. April, also heute vor dreißig Jahren“, sagt der erste mit trauriger Stimme. „Sie muss dann wohl auf dem direkten Weg zu Euch geflogen, gefahren oder gegangen sein ...“

„Das ist gut möglich“, sagt der König und nickt bestätigend mit dem Kopf. „Ich war damals nur einen Tag alt, und da meine Mutter gerade niemanden hatte, der ihr beistehen konnte, hat sie Eulalia guten Glaubens eingestellt. Wie wir später hörten, ging zunächst auch alles ganz gut. Aber dann grassierte hierzulande eine schlimme Krankheit und raffte viele Bürger dahin. Dabei verloren wir auch unsere Eltern. Und dann begann das ganze Unglück ..."

„Ihr dürft nicht denken, Herr König", beteuert der zweite Bruder, „dass wir sie zu Euch geschickt hätten. Nein, nein, das muss ein reiner Zufall gewesen sein, dass sie just zu Euch kam. Wir haben uns übrigens seit jenem Tag immer wieder Vorwürfe gemacht, dass wir sie fortgejagt hatten. Und wir brauchten schließlich zwanzig Jahre, bis wir herausbekamen, wie ihr geholfen werden könnte. Seitdem suchen wir sie. Der Gedanke, dass sie mit ihrem erhobenen Zeigefinger aller Welt Unheil bringen könnte, ließ uns nicht ruhen. Es waren schlimme Jahre ..."

„Wir müssen aufbrechen", unterbricht ihn plötzlich der erste und älteste der Brüder mit einem neuerlichen Blick auf sein Handgelenk. „In zwanzig Minuten müssen wir Eulalia erlösen!"

König Archibald, dem vor Staunen über diese seltsame Geschichte noch immer der Mund offensteht, schließt sich den Brüdern an, die keinen Augenblick zögern und sich auf den Weg machen. In Gedanken versunken, marschieren sie durch den mondscheinhellen Park, bis endlich der jüngste Bruder aufseufzt und sagt: „Ach, Herr König ..., ach, Bruderherzen, wie schön wäre es, wenn wir die vergangenen dreißig Jahre ungeschehen machen könnten. Aber das geht wohl nie und nimmer ..."

Er hatte seinen Satz kaum beendet, da bleiben die Männer wie auf ein Kommando hin stehen. Vor ihnen liegt die Grenze. Mächtig erheben sich die Kakteen. Aber wie hat sich alles verändert! Ein strahlender Glanz geht nun von den Ungetümen aus. Die Millionen Stacheln haben sich in weiße, duftende Blüten verwandelt, die im Mondlicht leuchten und gleißen wie Glühwürmchen. Auf einem Kaktus linkerhand, der von den erlesensten und allerreinsten Blüten in einem goldenen Farbton eingehüllt ist, sitzt ein engelgleiches Wesen, jung und mit Augen wie große Murmeln. In ihren dunklen Haaren steckt inmitten einer Blütenkrone eine schimmernde Perle. Nichts erinnert mehr daran, dass diese Perle vor kurzem noch ein Kuckucksei war!

Die Männer starren das Mädchen an, als sei es von einem fernen Stern herabgestiegen. Dabei ist es doch Eulalia, so, wie sie vor dreißig Jahren aussah, bevor sie mit einem Schwuppdiwupp oder auf einem Besenstiel verschwunden war. Über dem Anschauen vergeht die Zeit, die kostbare Zeit. Erst im letzten Augenblick erinnern sich die Brüder, dass sie ihre Schwester ja noch nicht fertig erlöst haben. Sie eilen zu ihr und reichen ihr, wie es die Regel vorschreibt, zu gleicher Zeit die Hand. Und da vollzieht sich eine neuerliche Wandlung. Klirrend und klimpernd fallen von drei Brüdern die Jahre ab wie Geldstücke, bis einer von ihnen sich hastig an den Kopf fasst, statt ruhig stehen zu bleiben. Sofort hört das Klimpern auf. Gerade zwölf Jahre sind sie jünger geworden und sind nun immer noch älter als ihre Schwester, die jetzt von ihrem Kaktus wie von einem Thron herabsteigt.

Langsam, ganz langsam, geht sie auf ihre Brüder zu, die sie schließlich herzlich umarmt und küsst.

„Habt Dank, liebe Brüder. Ich werde euch nie vergessen, was ihr für mich getan habt", ruft sie dabei immer und immer wieder. „Eure Liebe hat mich erlöst." Als die Brüder widersprechen wollen und an die Regeln erinnern, die schließlich notwendig waren, um das Werk zum Erfolg zu führen, da winkt sie ab und sagt nur: „Jaja, die Regeln sind schon wichtig, gewiss, aber ohne die Liebe bleibt auch die beste Regel nur ein Stück raschelndes Papier oder wie ein welkes Blatt."

Dann geht sie auf König Archibald zu, der nicht einmal um ein einziges Jahr jünger geworden ist. Pfiffige Leser können sich ausrechnen, wie alt er und wie alt Eulalia jetzt ist. Das verraten wir nicht. Wichtig ist es jetzt nur, dass der König kein bisschen enttäuscht ist, dass er nicht jünger geworden ist. Zum einen fühlt er doch, dass ihm eine schwere Last von der Seele genommen worden ist. Und dann gibt es natürlich noch einen zweiten Grund, warum er nicht enttäuscht oder traurig ist. Im Gegenteil, er freut sich darüber sogar, wendet sich Eulalia zu, die nun vor ihm steht, und blickt in ihre schönen dunklen Murmelaugen. Sein Gesicht strahlt, als er sie schließlich umarmt, und in der Ferne beginnt der Kuckuck zu rufen. Jubel klingt aus seiner Stimme, sofern Kuckucke zu solchen Gefühlen fähig sind. Man könnte meinen, dass er stolz darauf ist, an diesem Tag sein kostbarstes Ei gelegt zu haben.

Aus den Millionen Blütenkelchen aber quillen immer neue Duftwolken, die das ganze Land einhüllen wie in einen schützenden Mantel.

Es dauert nur wenige Tage, da kommen die ersten Einwohner des Königreiches aus den Ländern zurück, in die sie damals geflüchtet waren. Sie feiern ihre Rückkehr und die Hochzeit ihres Königs mit der schönen Prinzessin Eulalia, obwohl sie selbst auch um kein Jahr jünger geworden sind. Dafür müssen andere Regeln gelten als die, die die Brüder auf ihrem jahrelangen Weg kennengelernt haben.

„Ja, es ist schon eine schwere Arbeit", seufzt der älteste Bruder am Abend des Festes, „ein Unglück rückgängig zu machen. Aber im Großen und Ganzen können wir trotzdem zufrieden sein, meint ihr nicht auch?"

Da bleibt allen nur eines übrig: Sie nicken zustimmend.

Professor Schote und die Heinzelmännchen

Alle reden von Heinzelmännchen, aber gesehen hat sie noch keiner. Doch gibt es immerhin zahllose Bilder von ihnen und Figuren, große und kleine, meist farbig bemalt. So kennen wir sie alle. Die kleinen Wichte stehen in vielen Gärten und werden deshalb auch Gartenzwerge genannt. Alle zeichnen sich dadurch aus, dass sie den Eindruck erwecken, sie seien ungeheuer tätig. Selbst wenn sie schlafen, wirken sie so, als dächten sie angestrengt nach. Und Denken ist manchmal Schwerstarbeit. Wer kann dabei auch noch freundlich dreinblicken? Nur die Zwerge!

Vor zwei- oder dreihundert Jahren, so wird erzählt, kamen diese fleißigen Heinzelmännchen Nacht für Nacht in die Häuser der Menschen. Sie backten und kochten, sie sägten und feilten, sie nähten und stopften, sie rupften und zupften, bis der Tag anbrach. Mit dem allerersten Sonnenstrahl huschten sie, so wird berichtet, leise vondannen. Wenn die Menschen dann aufwachten, war alle Arbeit getan, so dass für sie selbst nichts mehr übrigblieb, und so wurde für sie jeder Tag ein Sonntag. So sagte man. Und mancher glaubt das auch heute noch.

Die Heinzelmännchen schreckten vor keiner Arbeit zurück; nichts war ihnen zu schwer, nichts zu leicht und unbedeutend. Sie verlangten keinen Lohn, kein Essen, keinen Dank, und sie machten ihre Arbeit auch noch gern. Schon deswegen erschien es den Menschen schier unglaublich, dass es sie wirklich gab. Allerdings mussten die Menschen eine Bedingung erfüllen: Sie durften die Heinzelmännchen niemals bei ihrer Arbeit stören, auch nicht beobachten. Eine solche Bedingung hätte jeder einhalten können. Und lange, lange Zeit ging auch alles gut.

Die Menschen strengten sich geradezu an, nachts besonders fest und tief zu schlafen, um die Heinzelmännchen ja nicht zu stören. Dafür fanden sie tagaus, tagein an jedem Morgen alle Arbeit getan, welcher Art auch immer sie war. Aber irgendwann geht jede Zeit zu Ende, gerade auch die schönste. Da gab es, wie ein Dichter vor über einhundertfünfzig Jahren berichtete, in Köln am Rhein oder an der Spree eine Schneidersfrau. Ihr Name lautete Schnipp oder Schnapp. Ohne deren Neugierde hätte sich sicherlich bis heute nichts geändert. Da sie aber überaus neugierig war und keine Ruhe fand, wollte sie unbedingt den Heinzelmännchen heimlich auflauern, während sie arbeiteten.

Sie ging dabei sehr zielstrebig und listig zu Werke. So streute sie eines Nachts Erbsen auf die Treppe, in die Gänge und Zimmer. Die fleißigen Zwerge sollten, wenn sie kamen, darauf ausrutschen und hinfallen. Sobald das geschah, wollte die Frau Schneidermeister Schnipp oder Schnapp schnell hinzueilen und sie in aller Ruhe wie Käfer betrachten, ehe sie wieder auf die Beine kamen. Dass sie sich beim Stürzen wehtun oder gar verletzen könnten, bedachte sie nicht, wie sie überhaupt nicht viel dachte. Und damit der Plan auch nicht misslang, streute sie wenigstens zwei Pfund Erbsen aus. Das war ein Lärm, als sie die große Tüte ausschüttete! Das prasselte nur so! Kaum hatte sie alle Erbsen gut verteilt, da legte sie sich auch schon auf die

Lauer. Und damit nahm das Unglück seinen Lauf. Wir kennen die traurige Geschichte.

Sobald die Heinzelmännchen auf den Erbsen ausglitten, gab es einen lauten Knall. Das war ein Hampeln und Strampeln, ein Schreien und Stöhnen! Dann ertönte ein Pfiff und mit einem vielfachen Husch-huschhusch verschwanden die guten Geister auf Nimmerwiederse-hen. Frau Schnipp oder Schnapp eilte aus ihrem Versteck hervor und leuchtete mit ihrer Laterne umher, doch half alles nichts. Sie konnte kein einziges Heinzelmännchen erspähen. Dafür rutschte sie, wie manche berichteten, auf einer ihrer Erbsen aus und fiel selbst der Länge lang hin, so dass ihr für eine ganze Weile Hören und Sehen verging.

Von Stund' an war es für die Menschen mit dem Faulenzen vorbei. Jetzt mussten sie nun alles selbst schaffen, was die Heinzelmännchen so geschwinde des Nachts vollbracht hatten. Und darüber vergingen auch wieder viele Jahre. Sicherlich hätte sich dann immer noch nichts geändert, wenn nicht Professor Schote gewesen wäre. Dem gelang das fast Unmögliche: Er entdeckte die Ururururenkel jener Heinzelmän-ner, und das kam so:

Professor Schote war ein sehr berühmter Mann, dem viele Titel verliehen worden waren und von dem alle Welt mit größter Hochach-tung sprach. Er konnte, man stelle sich vor!, sechsundzwanzig Spra-chen sprechen und natürlich auch lesen und schreiben. Er schrieb auch viele Bücher über fremde Länder und Menschen, aber die waren zum Teil so klug, dass sie nur wenige Menschen lasen und verstan-den.

Eines Tages nun, und nur davon soll hier berichtet werden, ent-deckte Professor Schote in einer Buchhandlung, in der man nur alte

Bücher kaufen konnte, von denen manche in Schweinsleder gebunden waren, ein ganz merkwürdiges und ganz vergilbtes Buch. Manche Seiten hatten Eselsohren. Da das Buch aber kaum größer als eine Streichholzschachtel war, handelte es sich natürlich nur um Eselsöhrchen! Professor Schote kaufte es sofort und lief umgehend nach Hause. Auch er war ein neugieriger Mensch wie die Frau Schneidermeister, doch dachte er im Unterschied zu ihr viel mehr. Er dachte, er könnte jetzt vielleicht die siebenundzwanzigste Sprache lernen. Und Lernen ist Arbeit, wie alle spätestens erfahren, wenn sie in die Schule kommen.

Professor Schote war also neugierig, eilte nach Hause, setzte sich in einen Sessel und vertiefte sich in das Buch, wobei er ein Vergrößerungsglas zu Hilfe nahm, weil die Schrift klitzeklein war und aussah wie die Fußabdrücke von Ameisen.

„Donnerwetter", brummte er endlich erstaunt. „Das ist ja wirklich eine ganz fremde Sprache, von der ich noch nie etwas gehört habe. Die muss ich aber ganz schnell lernen!"

Und so kam es, dass Professor Schote nun wirklich seine siebenundzwanzigste Sprache erlernte, was sehr schwierig war und ihn viel Schweiß kostete. Darüber vergingen vier oder fünf Wochen oder sogar noch mehr. Dann hatte er die Sprache und die Schrift entziffert. Es war - die Heinzelmännchensprache! Wer hätte das gedacht?

„Donnerwetter!", rief der Professor, als er schließlich Wort für Wort, Satz für Satz und Seite für Seite entziffert hatte. „Das ist ja etwas unglaublich Geheimnisvolles!"

Als er schließlich auch die letzte Seite gelesen hatte, wusste er, dass die Heinzelmännchen noch lebten! Und sogleich setzte er sich hin und schrieb eine Anzeige für die große Stadtzeitung. Sie lautete:

Habe Buch der sehr ehrenwerten Heinzelmännchen gefunden. Verfasser ist Heinzelherr Rabutschi. Es ist sicher lange her, dass das Buch verloren wurde. Möchte es dem Verlierer oder seinen Nachkommen, Kindern oder Enkeln usw., gern zurückgeben. Bitte melden bei Professor Schote in der Bohnenallee 33.

Natürlich schrieb der Professor die Anzeige in der Heinzelmannsprache, so dass sie kein Bürger der Stadt und auch sonst niemand verstehen konnte. Viele, die die Anzeige sahen, schüttelten verwundert den Kopf darüber, weil die Buchstaben aussahen wie Abdrücke von Ameisenfüßen. Was es doch für sonderbare Anzeigen gibt, dachten sie dann.

Professor Schote, der sich gleich nach Aufgabe der Anzeige daran gemacht hatte, eine Abhandlung über unbekannte Sprachen in ihrem Verhältnis zu den bekannten in Vergangenheit und Gegenwart zu schreiben, dachte zwischendurch immer wieder an die Heinzelmännchen. Er war sich ziemlich sicher, dass sie sich eines Tages melden würden. Wenn es stimmte, was in dem Buch stand, dann waren sie nach jener scheußlichen Rutschpartie auf den Erbsen nicht ein für allemal von der Erde verschwunden. Und so schrieb er seine Abhandlung und wartete, was da kommen sollte.

Eines Tages, die Uhr hatte gerade sieben Uhr geschlagen, klopfte es an die Tür.

„Herein", rief der Professor. Aber es kam niemand herein. Also stand er auf und ging zur Tür. Als er sie öffnete und sich umsah, konnte er niemanden erblicken. Gerade wollte er sich abwenden, da kicherte es plötzlich vor ihm auf dem Fußboden. Der Professor neigte seinen Kopf und sah ... und sah zwei Heinzelmännchen. Sie waren gerade so groß wie die Puppe Ursel oder wie der Teddybär Brumm-

brumm! Sie standen direkt zu seinen Füßen und reichten mit ihren Zipfelmützen gerade bis zu seinen Knien. Jeder von ihnen hatte einen Sack auf dem Rücken, in dem es klimperte und klapperte.

„Ach, da seid ihr ja!", rief er, als wäre es ganz normal, dass ihn zwei Heinzelmännchen besuchten. Doch gleich darauf fiel ihm ein, dass er ja die Heinzelmännchen nicht einfach duzen konnte, und so sagte er:

„Meine Herren, Ihr Besuch ist mir eine große Ehre!" Und er machte eine tiefe Verbeugung.

„Alika, malika, bitzi butzi batzi, schrummschrumm", erwiderten die Heinzelmännchen in der Heinzelmännchensprache und verbeugten sich gleichfalls sehr höflich. Der Professor tat es ein zweites und ein drittes Mal, so dass sie sich einige Male voreinander verbeugten. Er hatte auch verstanden, was sie gesagt hatten. Sie hatten gesagt: „Guten Tag, Herr Professor. Wir sind auf Ihre Anzeige hin gekommen. Hier sind wir!"

„Darüber bin ich wirklich sehr glücklich!", versicherte er mit nochmaliger tiefer Verbeugung, gleichfalls in der Heinzelmannsprache. „Ihr Besuch, den ich erwartet habe, ist für mich ein großes Ereignis. Für mich als Wissenschaftler und Sprachforscher sind Sie natürlich äußerst interessante Persönlichkeiten. Kommen Sie doch bitte herein!"

„Auch für uns, Herr Professor Schote, ist dieser Tag sehr wichtig", erklärte der kleinere der beiden. „Mit Ihrer gütigen Erlaubnis wollen wir das Buch abholen, das Sie gefunden haben. Unser Urururgroßvater hat es damals verloren, nachdem er auf den vermaledeiten Erbsen ausgerutscht ist und flüchten musste."

„Donnerwetter!", rief Professor Schote. „Lebt denn Ihr Herr Urururgroßvater noch, meine Herren?"

„Noch ein Ur mehr, wenn's recht ist", sagte der größere von ihnen

129

mit tiefer Stimme.

„Wie bitte?", erkundigte sich der Professor verwundert, denn er verstand nicht, was der Heinzelmann meinte.

„Noch ein Ur mehr! Wir sprechen nicht von unserem Urururur-großvater, sondern von unserem Urururururgroßvater!"

„Ach so", rief der Professor, „ach so! Das meinen Sie! Ja, lebt er denn noch, Ihr Großvater mit den fünf Urs davor?"

Die Heinzelmänner nickten sehr ernst. Dann ergriff wieder der kleinere das Wort: „Sie werden ja beim Lesen des Buches gemerkt haben, wie geheimnisvoll und ungewöhnlich es ist. Es ist aber darüber hinaus auch einmalig und unersetzbar. Alles Suchen ist damals vergeblich geblieben. Wer weiß, wie es schließlich in die Buchhandlung gelangt ist. Aber das ist nicht so wichtig. Viel wichtiger ist, dass wir es wieder zurückbekommen! Deshalb sind wir hier!"

„Das kann ich mir durchaus vorstellen", sagte der Professor, und er fügte hinzu: „Ihr Urururururgroßvater schreibt ja in dem Buch, dass ..."

„Psst!", flüsterten beide Heinzelmänner wie aus einem Munde. „Sprechen Sie bitte nicht weiter. Niemand außer Ihnen darf je erfahren, was in dem Buch steht, Herr Professor, niemand, verstehen Sie?"

„Ja, ich verstehe auch das", versicherte Professor Schote. „Niemand darf etwas erfahren, was in dem Buch steht. Ich verspreche es ..."

„Vielen tausend Dank!", erklärten die Heinzelmänner. Und man sah es ihnen an, dass ihnen sozusagen ein Stein vom Herzen fiel. So erleichtert waren sie, dass Professor Schote keines ihrer Geheimnisse preisgeben wollte. „Sie sind ein kluger und sehr gütiger Mensch, obwohl wir erst große Sorge hatten!"

„Weshalb?", erkundigte sich der Professor verwundert.

„Wegen Ihres Namens. Sie heißen doch Schote, und dann wohnen Sie ausgerechnet auch noch in der Bohnenallee ..."

„Na und?"

„Na, aus den Schoten kommen doch die Erbsen, und die Erbsen gehören wie die Bohnen zu den Hülsenfrüchten. Sie wissen doch, dass die Frau Schneidermeister Schnapp damals zwei Pfund Erbsen ausgestreut hat, um ..."

„Jaja, das weiß ich. Also Schnapp hieß sie, nicht Schnipp?"

„Schnapp!" bestätigte der kleinere Heinzelmann knapp.

„Ja, aber mit den Erbsen oder ganz allgemein mit den Hülsenfrüchten habe ich nichts zu tun, meine Herren!", rief der Professor und lachte dröhnend. „Das ist ja außerdem so lange her. Wir Menschen werden längst nicht so alt wie Sie. Weder ich noch meine Urururururgroßeltern haben etwas damit zu tun! Ich versichere es Ihnen!"

„Danke! Wir glauben Ihnen auch aufs Wort", sagten die beiden Heinzelmänner und wiesen nun auf die beiden Säcke. „Hier haben wir Ihnen auch den Finderlohn mitgebracht. Es sind Goldstücke aus dem reinsten Gold, das es gibt ..."

Sie öffneten die Säcke und ließen das Gold durch ihre Hände gleiten.

„Nein", erklärte Professor Schote ganz entschieden. „Nein, einen Finderlohn will ich nicht. Das kommt gar nicht in Frage!"

Die Heinzelmännchen blickten sich verwundert an, berieten sich schließlich eine Weile, nickten sich endlich zu, und der größere von ihnen sagte:

„Wir Heinzelmännchen dürfen nichts von den Menschen annehmen, ohne ihnen etwas dafür zu geben. Wenn Sie das Gold nicht haben wollen, dann möchten wir Ihnen wenigstens unseren Dienst anbieten! Wir werden für Sie arbeiten, wie das die Heinzelmännchen früher überall gemacht haben, bis ... na ja, Sie wissen ja, bis zu welchem Tage das ging!"

Da lachte der Professor und meinte: „Ich brauche Eure Dienste gar nicht! Bei mir ist alles ordentlich!" Als sich die beiden einigermaßen erstaunt umsahen, wiederholte er: „Nein, ich kann Ihre Hilfe nicht annehmen. Meine Ordnung ist die beste Ordnung."

Dies bezweifelten die Heinzelmännchen. Zwar sagten sie nichts, doch in ihren freundlichen Gesichtern spiegelte sich blanke Bestürzung. Ihrer Meinung nach sah es bei Professor Schote ganz schrecklich aus, so als hätten gerade Räuber gewütet. Bücher und Hefte bedeckten die Tische, die Schränke und einen dicken, gemütlichen Ohrensessel. Zwar lag auf dem Fußboden nichts herum wie etwa bei August Amadeus Fischmoll, doch reihte sich zwischen den Möbeln und unterhalb der Fenster Bücherstapel an Bücherstapel. Alle Bücher waren ziemlich unordentlich übereinandergelegt. Dass man da etwas finden konnte, bezweifelten die Heinzelmänner offensichtlich. Doch da sie sehr höflich waren, widersprachen sie nicht. Sie überlegten eine Weile, bis ihnen nach einigem Hin und Herr wieder etwas einfiel:

„Es ist gut, Herr Professor", sagte der größere der beiden. „Wenn Sie Ihre Ordnung Ordnung nennen und wenn Sie wirklich keine Hilfe in Anspruch nehmen wollen, dann möchten wir Ihrer Stadt dafür helfen. Wäre Ihnen das recht?"

„Das ist ein großartiger Einfall!", rief Professor Schote. Etwas zögerlicher fügte er hinzu: „Wenn Ihnen das nur nicht zuviel ist ..."

Nein, den Heinzelmännern war das nicht zuviel. Sie wollten nur einen Vertrag mit ihm abschließen. Professor Schote schrieb alles auf, so wie sie es wünschten. Schließlich hatte er zwei Bogen beschrieben.

Zum Schluss setzte er seinen Namen darunter, und die Heinzelmänner unterschrieben auch. Sie hießen Karbutschi und Barkatschi. Professor Schote, der ja ein bedeutender Wissenschaftler war und mit der Heinzelmännchensprache bereits siebenundzwanzig Sprachen beherrschte, fand sich in seiner Entdeckung beim Lesen des Buches darin bestätigt, dass in der Heinzelmannsprache alle Namen mit der Silbe -*tschi* enden so wie Karbutschi und Barkatschi.

Was stand nun aber in dem Vertrag? Da stand schwarz auf weiß, dass der Professor das über alle Maßen geheimnisvolle und wichtige Buch zurückgeben wollte. Zur Belohnung versprachen die Heinzelmänner, allen Bewohnern des Nachts so zu helfen, wie das einstmals in Köln am Rhein oder an der Spree geschehen war. Nur dürften die Menschen sie

1. *niemals bei ihrer Arbeit stören,*

2. *niemals Erbsen oder andere Hülsenfrüchte streuen und*

3. *niemals danach trachten, sie zu beobachten oder zu belauern.*

Das fand der Professor nur recht und billig. Er selbst verpflichtete sich, niemals über das Buch zu sprechen und sein Wissen auch nicht in anderer Form weiterzugeben. Das versprach der Professor nur schweren Herzens, weil damit seine Entdeckung für die Wissenschaft nicht verwertbar war. Aber er willigte nach einigem Zaudern ein. Leichter fiel es dann schon wieder, einer letzten Bedingung zuzustimmen, aber dieser Punkt soll vorerst noch geheim bleiben. Nur soviel sei hier verraten, dass der Vertrag mit den Heinzelmännchen in dem Augenblick erlöschen sollte, wenn der Professor oder jemand anderes etwas ganz Bestimmtes tat.

Nachdem nun die Heinzelmänner und der Professor unterschrieben hatten, schnitten sie die beiden Bogen jeweils mitten durch. Jeder bekam eine Hälfte, der Professor die linke Seite des ersten Blattes und die rechte Hälfte des zweiten Blattes. Die Heinzelmänner nahmen die anderen beiden Hälften an sich, nachdem sie der Professor zusammengerollt und mit einem roten Band versehen hatte. Dann gab er ihnen das Buch, und es war dabei so, als glänzte eine Träne im linken Auge. Schließlich nahmen sie mit vielerlei Verbeugungen Abschied voneinander. Die Heinzelmänner traten auf den Flur hinaus und waren im Nu verschwunden. Professor Schote schnaubte sich schwerfällig die Nase, wischte sich das linke Auge trocken und nahm an seinem Schreibtisch Platz. Nach kurzem Überlegen schrieb er dann eine zweite Anzeige für die große Stadtzeitung. Sie lautete:

Auf Grund einer ganz besonderen Vereinbarung mit den sehr ehrenwerten Heinzelmännchen beehre ich mich, den Bürgerinnen und Bürgern unserer Stadt bekanntzugeben, dass sich die Heinzelmännchen bereiterklärt haben, ab sofort des Nachts alle anfallenden Arbeiten für sie zu übernehmen, so wie es einstmals ihre Urururururgroßväter getan haben. Die Heinzelmännchen machen aber zur Bedingung, dass sie weder gestört noch wie seinerzeit mit Erbsen oder anderen Hülsenfrüchten belästigt und in gar keinem Fall beobachtet werden dürfen!

Als die Bürger der Stadt das am nächsten Morgen in der Zeitung lasen, dachten sie erst, der Professor wolle sie zum Besten halten. Wer von uns glaubte denn so etwas, wenn eine solche Anzeige in der Zeitung stünde? Doch am folgenden Morgen glaubten sie es dann, nachdem sie entdeckten, dass alle Arbeit gemacht, die Zimmer aufgeräumt, das Geschirr abgewaschen, die Hausaufgaben in den Schulheften verbessert und die Schuhe geputzt waren. Da kannte ihre Freude keine Grenzen. Sie jubelten, schrien und pfiffen und ließen Professor Schote hochleben:

„Professor Schote ist der klügste und selbstloseste Mann in unserer Stadt. Er lebe hoch! Hoch! Hoch! Zehnmal hoch und noch höher! Jetzt haben wir alle Tage Sonntag!"

Nachdem sich die Bürger acht Tage so richtig von Herzen gefreut hatten, geschah es eines Nachmittags, dass der Oberbürgermeister zu Professor Schote kam.

„Guten Tag", sagte er und überflog mit einem Blick die sonderbare Ordnung im Arbeitszimmer. „Sie brauchten, glaube ich, auch einmal die Hilfe der Heinzelmännchen ..."

„Bei mir brauchen sie nichts zu machen", erwiderte Professor Schote und setzte eine ganz abweisende Miene auf. Da ließ der Bürgermeister jede weitere Bemerkung bleiben, nahm dafür eine dunkelblaue Schachtel aus seiner Aktentasche, öffnete den Deckel und wies auf den prächtigen großen goldenen Stern hin, der auf rotem Samt lag und in der Mitte mit einem funkelnden Edelstein besetzt war:

„Diesen Orden darf ich Ihnen als Oberbürgermeister dieser Stadt überreichen und Ihnen damit für Ihre unglaublichen Verdienste meinen Dank und meine Verbundenheit aussprechen. Zugleich beglückwünsche ich Sie, dass es Ihnen gelungen ist, zu den Heinzelmännchen so gute Kontakte wiederhergestellt zu haben, denen damals die Frau Schneidermeister Schnipp ..."

„Schnapp", sagte Professor Schote. „Sie hieß, wie ich von den Abgesandten der Heinzelmännchen hörte, Schnapp. Nicht Schnipp!"

„Ach so, na gut", meinte der Oberbürgermeister. „Also, ich wollte sagen: Ich beglückwünsche Sie zu Ihrem Vertrag mit den braven Heinzelmännchen, denen die Frau Schneidermeister Schnapp seinerzeit so schändlich mitgespielt hat, als sie die Erbsen ausstreute ... Ja, mmmh ... ja ..." Der Bürgermeister stockte, weil er vergessen hatte, was er noch sagen wollte. Er hüstelte etwas verlegen, drückte dann aber dem Professor die Schachtel mit dem Orden in die linke Hand und schüttelte seine rechte so kräftig, dass die Knochen leise, aber doch vernehmlich knackten. „Die ganze Stadt ist stolz auf Sie", sagte er zum Schluss, „und niemand wird diesmal die Heinzelmännchen stören, da bin ich ganz sicher!"

Als Professor Schote dann allein war, trat er vor den Spiegel und betrachtete einige Zeit seinen schönen leuchtenden Orden.

„Donnerwetter!", rief er fröhlich, „Der ist aber wirklich schön! Und er passt auch irgendwie gut zu mir!" Und weil er so glücklich war, besuchte er am Abend seine liebe Freundin Katharina Wicke und fragte sie, ob sie ihn heiraten wolle. Da das für sie sehr plötzlich kam, musste sie einige Male schlucken, weil es ihr so schien, als sei ihr etwas im Hals steckengeblieben. Sie schluckte also, und als sie merkte, dass der Hals wieder frei war, sagte sie: „Ja, so soll es sein!" Denn sie hatte ihn sehr gern, obwohl er doch manchmal etwas wunderlich war. Allein sein Verständnis von Ordnung ließ manchmal ihren Atem stocken.

Sie sagte also «ja», und damit war die Hochzeit beschlossen und mit einem Kuss besiegelt. Einige Tage später traute sie der Oberbürgermeister höchstpersönlich. Die Hochzeitsfeier dauerte drei Tage und drei Nächte und fand außerhalb der Stadtgrenze in einer großen alten Scheune statt, die man für diesen Zweck leergeräumt hatte. Dies war nötig, weil die Heinzelmännchen bei ihrer nächtlichen Arbeit in der Stadt nicht gestört werden durften. Es wurde trotz des langen Hin- und Rückweges eine herrliche Hochzeit, an die später alle noch gern zurückdachten.

Inzwischen war die Stadt wegen der Wiederaufnahme freundschaftlicher Beziehungen zu den Heinzelmännchen berühmt geworden. Viele Leute kamen von weither angereist, um sich zu erkundigen, wie man es anstellen müsse, um auch deren Hilfe zu erlangen. Professor Schote verriet jedoch nichts, selbst als ihm viel Geld angeboten wurde: „Ich brauche das Geld nicht; ich selbst brauche auch nicht die Hilfe der Heinzelmännchen. Ich bin rundum zufrieden. Basta!"

Eines Morgens saß er wie üblich in seinem Zimmer und arbeitete. Er lernte gerade die achtundzwanzigste Sprache, die ungewöhnlich schwierig war. Der Professor musste sich ordentlich anstrengen, weil die Vokabeln so schwer zu behalten waren. Da ging mit einem Male die Tür auf. Seine Frau Katharina erschien mit Schrubber, Besen und Wassereimer.

„Was willst du denn hier mit diesem dummen Zeug?", fragte der Professor unwirsch.

„Saubermachen will ich!", erklärte sie. „Ordnung schaffen! Man muss sich ja vor allen Leuten schämen, weil es hier so fürchterlich aussieht. Als du hier allein lebtest, mochte das ja hingehen. Aber jetzt, wo ich da bin, ist das etwas anderes!"

„Donnerwetter!", rief er zornig. „Was soll das heißen, liebe Katharina? Ich habe dir doch ausdrücklich gesagt,

dass bei mir eine ganz besondere Ordnung herrscht. Und du hast mir versprochen, mir diese Ordnung ein für allemal zu lassen!" Und mit geheimnisvoller Miene setzte er hinzu: „Du wirst die ganze Stadt ins Unglück stürzen, wenn du hier sauber machst, verstehst du?"

Nein, Katharina verstand das nicht. Sie hatte es doch nur gut gemeint und längst vergessen, was sie versprochen hatte. Der Professor beachtete ihren Kummer nicht. Er hatte sich gleich wieder in seine Bücher vertieft und lernte Vokabeln. Da schlich sie unglücklich aus dem Zimmer, setzte sich in der Küche auf einen Stuhl und weinte bitterlich. Wo sie doch so gern sauber machte und ganz froh war, dass die Heinzelmännchen ihr Haus als einziges in der Stadt nicht versorgten.

Einige Wochen später gab es im Haus nebenan Zank und Geschrei, zunächst nur in der Autoreparaturwerkstatt, dann aber auch bei den Bewohnern im ersten und im Monat darauf ebenso im zweiten Stock. Auch die Frau des Bäckermeisters Brezel, bisher eine überaus freundliche und hilfsbereite Person, verlor immer öfter die Geduld und rief: „Ich halte das nicht mehr aus! Ich halte das nicht mehr aus!" Dann konnte es geschehen, dass ihr Mann mit überaus lauter Stimme rief: „Wenn es dir nicht passt, dann zieh' doch aus, du Trulle!" Und damit meinte er seine liebe Frau, mit der er schon so viele Jahre in Frieden zusammenlebte.

Die Fälle mehrten sich, wo Zank und Streit einzogen. Längst vergessen war der Jubel über die fleißigen Heinzelmännchen. Was war denn bloß geschehen? Warum fingen die Leute nun schon auf offener Straße Streit miteinander an? Die Polizei hatte alle Hände voll zu tun, nachdem auch für sie monatelang jeder Tag ein Sonntag war. Als dann nicht nur gestritten, sondern auch geprügelt wurde, reichte das

Gefängnis bald nicht mehr aus. Auf diese Weise mussten die Polizisten als einzige wieder arbeiten, denn da alle Taten tagsüber geschahen, konnten die Heinzelmännchen nichts tun.

Der Bürgermeister war ratlos. Auch die Ratsherren konnten sich die furchtbare Streitsucht der Bewohner nicht erklären. Dabei war die Lösung ganz einfach. Die Leute stritten sich aus - Langeweile! Sie hatten ja den lieben langen Tag nichts mehr zu tun, jedenfalls brauchten sie keine Arbeit zu verrichten. Und das war offenbar auf Dauer nicht auszuhalten. Doch da niemand des Rätsels Lösung kannte, blieben der Oberbürgermeister, die Ratsherren und alle Bürger ratlos. Der Streit ging also unvermindert weiter, ja er nahm sogar weiter an Heftigkeit zu. Alle Welt, die davon hörte und vorher vor Neid fast grün geworden war, wunderte sich sehr darüber: „Wie können die Leute nur so streiten, wenn es ihnen doch so gut geht, viel besser als uns, die wir uns doch tagein tagaus plagen müssen?" So sehr sie auch grübelten, um eine Lösung dieses Rätsels zu finden, es konnte sich doch niemand einen Reim darauf machen!

Der Professor, dem seine Frau täglich berichtete, was es in der Stadt Neues gab, wusste zwar bald gar nichts Neues mehr, weshalb ihre Berichte kurz und knapp blieben: „Die Leute streiten sich, schlagen sich, knallen mit den Türen oder zerschlagen Geschirr, weil sie wütend sind."

Den Professor verdross das sehr, denn so hatte er sich seine Hilfe nicht vorgestellt. Alle Tage sollte Sonntag sein. Das war sein Ziel. Nun wuchs ihm jedoch allmählich der Lärm gleichsam über den Kopf.

„Ruhe doch!", schrie er eines Tages, nachdem er das Fenster aufgerissen hatte. Dazu musste er aber erst auf die Bücherstapel treten, die dicht bei dicht nebeneinander lagen und den Weg versperrten.

„Ruhe doch!", rief er noch mehrmals, um schließlich ganz kläglich hinzuzufügen: „Gebt doch bitte endlich Ruhe!" Doch niemand hörte auf ihn. So machte er das Fenster wieder zu, und gleich darauf verging ihm Hören und Sehen, denn ein Bücherstapel rutschte weg. Der Professor verlor die Besinnung, als er auf den anderen Bücherstapeln aufschlug. Zum Glück war seine liebe Frau Katharina zu Hause. Sie hörte den Radau im Arbeitszimmer und befreite ihn aus dem Durcheinander.

Sie pflegte ihn dann drei volle Tage lang, bis die Schmerzen nachließen und er wieder seiner Arbeit nachgehen konnte. Und sie verlor auch kein Wort über die Ordnung, auf die ihr Mann so stolz war und die trotzdem den schlimmen Ausrutscher bewirkt hatte. Nein, sie stapelte die Bücher sogar selbst wieder so auf, wie er es wünschte, und er war ihr dafür sehr dankbar.

„Vielleicht", überlegte er sich, „wäre es doch ganz gut, ein bisschen mehr Platz zu schaffen ..." Dann setzte er aber gleich seine Arbeit fort, die immer noch darin bestand, die achtundzwanzigste Sprache zu lernen. Das fiel ihm allerdings von Tag zu Tag schwerer und schwerer. Er konnte die Vokabeln einfach nicht behalten, so oft er sie auch lernte. Das wurmte ihn mächtig. Bisher war so etwas noch nie passiert! Doch da gab es auch den Lärm nicht und nicht den Ärger über den Lärm und seine Verzweiflung über den Ärger über den Lärm, und es gab auch nicht seine Vergesslichkeit. Er wurde das, was man landauf landab einen zerstreuten Professor nennt.

Eines Mittags, als es weiße Bohnen mit Speck gab, sagte er zum Beispiel:

„Also weißt du, liebe Katharina, früher waren die Erbsen doch grüner und runder!"

Und am Abend desselben Tages sagt er plötzlich:

„Liebste Katharina, wir müssen mal neue Regale kaufen, damit ich die Bücher nicht mehr auf den Fußboden legen muss. Hat es neulich deswegen nicht ein Unglück gegeben?"

„Du bist der Länge lang hingeschlagen, als du aus dem Fenster gerufen hast, die Leute sollten doch Ruhe geben!", sagte Katharina.

„Ach so, jaja, so muss es wohl gewesen sein. Da wären Regale doch ganz gut, nicht wahr?" Aber gleich darauf sagte er: „Nein, nein, das kann nicht sein, denn dann ist ja meine besondere Ordnung futsch, und ich finde kein Buch mehr. Und das wäre ja eine Katastrophe!"

Katharina nickte nur und strich ihm beruhigend über den Kopf, wie man das bei einem Kind macht, wenn es sich nicht wohlfühlt oder wenn es sich vor etwas fürchtet.

Etwa eine Woche später, als der Lärm in der Stadt sich gerade wieder einmal steigerte, schlug er sogar vor, Katharina sollte doch am nächsten Tag bei ihm mal richtig saubermachen: „Ich habe den Streit nämlich satt!" Doch auch jetzt änderte er seine Meinung wieder ganz schnell: „Zum Donnerwetter, nein, nein! Damit wäre ja mein Vertrag mit den Heinzelmännchen null und nichtig, und außerdem will ich ja auch wirklich meine besondere Ordnung haben!"

Dabei sah es in seinem Arbeitszimmer jetzt zusehends schlimmer und schlimmer aus. Denn sobald Professor Schote ein Buch längere Zeit in der Hand hielt, vergaß er es wieder, und es fiel auf die Erde zu den anderen vergessenen Büchern.

In diesen Schlamassel geriet eines Tages Willy hinein. Willy war der Neffe des Professors. Sein Onkel hatte ihn im Jahr zuvor eingeladen, ihn doch auch in diesem Jahr in den Ferien zu besuchen. Auch das hatte er natürlich längst vergessen, erinnerte sich aber doch plötzlich daran, als Willy vor ihm stand.

„Ja, da bist du also", sagte er und redete dann allerlei, was Willy indessen nicht verstehen konnte, weil es in einer oder gleich in mehreren fremden Sprachen geschah. Willy ließ sich dadurch jedoch nicht aus der Fassung bringen. Schließlich kannte er seinen Onkel und seine ungeheure Gelehrsamkeit. Während der folgenden Tage streifte er durch die Stadt von einem Ende bis zum anderen. Dabei traf er fast nur auf streitsüchtige und zänkische Menschen. Die meisten Schimpfwörter, die er hörte, kannte er noch gar nicht. Manches blieb ihm sogar völlig unverständlich wie die fremden Sprachen seines Onkels. Am wenigsten verstand er, weshalb sich die Menschen so spinnefeind waren:

„Dabei geht es ihnen doch so gut. Alle Arbeit machen die Heinzelmännchen! Bei uns ist das nicht so. Wir wären bestimmt dankbarer als die Leute hier, denen man wohl gar nichts rechtmachen kann!" Und er fragte seinen Onkel auch direkt: „Weshalb sind sie denn nicht glücklich, wo doch eigentlich jeder Tag für sie ein Sonntag sein könnte?"

„Wie? Was? Warum? Natürlich! Ja! Nein!", erwiderte der Professor und war so zerstreut, dass er wohl schon gleich wieder vergessen hatte, was er sagen wollte. Da ging Willy zu seiner Tante Katharina und klagte ihr sein Leid: „Jetzt kann man gar nicht mehr richtig mit ihm sprechen. Entweder redet er in verschiedenen Sprachen, die er dann auch noch miteinander vermischt, oder er vergisst einfach alles. Das ist ja fürchterlich."

Tante Katharina wischte sich einige Tränen aus den Augen, die plötzlich hervorbrachen. Sie nickte nur, und Willy merkte, dass sie sehr unglücklich war.

Eines Tages rief der Oberbürgermeister eine große Ratsversammlung ein. Aber er lud nicht nur alle Ratsherren ein, sondern auch Professor Schote. Zunächst war es in der Ratsstube ganz still. Nur von draußen drang Lärm durch die geschlossenen Fenster. Der Oberbürgermeister stellte in ruhigen Worten die schwierige Lage dar, die alle kannten. Es müsse unbedingt etwas geschehen, meinte er, sonst geschähe bestimmt bald ein ganz großes Unglück. Alle nickten, warteten aber nun auf irgend etwas, von dem sie nur wussten, dass es etwas Neues sein müsste. Doch der Oberbürgermeister sagte nur noch: „Das Gefängnis ist völlig überfüllt, und jeden Augenblick hagelt es neue Ohrfeigen und neue Unglücke ..." Da auch dies allen bekannt war und nichts Neues zum Vorschein kam, brach der Lärm auch hier los. Es hagelte Beschimpfungen, und einige Ratsherren wurden sogar handgreiflich. Dem Oberbürgermeister flogen die Kaffeetassen um die Ohren. Professor Schote kam überhaupt nicht zu Wort. Niemand wollte etwas von ihm wissen. So schlich er davon.

Unterdessen war sein Neffe Willy zu Hause nicht untätig geblieben. Endlich war er einmal allein in der Wohnung, denn Tante Katharina war gleich nach dem Frühstück zu einer kranken Freundin gegangen, die an nichts anderem litt als an der Streitsucht und darüber so erschöpft war, dass sie kein Wort mehr hervorbringen konnte. Sie hatte einen Brief geschickt, mit dem sie Katharina zu einer Runde Kanaster oder Rommé einlud. Das war nun aber auch schon wieder einige Stunden her, und sie hätte längst zurück sein müssen. Doch Willy achtete darauf nicht. Er streifte durch die Wohnung, von niemandem aufgehalten und durch nichts gestört. Besonders angetan hatte es ihm natürlich das Arbeitszimmer seines Onkels. Nun war er zwar keineswegs ein Junge, der die Ordnung mehr schätzte als die Unordnung, aber hier sah es doch so verheerend aus, dass es ihn fast in den Fingern juckte, einmal ein ganz klein wenig Ordnung zu schaffen. Wenn seine Mutter das hier sähe, würde sie bestimmt glattweg in Ohnmacht fallen. Und fast wie von allein hob Willy hier ein Buch auf und dort. Dann schob er die Bücher auf dem Schreibtisch zusammen, legte sie schließlich übereinander, aber nicht zu ordentlich, damit es nicht sofort auffiel. Dann bahnte er sich einen Weg zum Fenster, indem er die Stapel noch dichter zusammenrückte.

Mittendrin fiel ihm ein, dass es ja nicht schaden könnte, wenn er ein wenig mit Wasser und Lappen ... Kurzum, Willy schuf im Schweiße seines Angesichts zwar keine ganze, aber doch so etwas wie eine halbe Ordnung. Sein Onkel sollte sich ja noch zurechtfinden können, weil er nun mal seine Ordnung für die beste Ordnung hielt.

Als er soweit war, entdeckte er auf dem Schreibtisch unter der Schreibunterlage ein Blatt Papier, das er hervorzog. Zu seiner großen Verwunderung handelte es sich um einen der Länge nach zerschnittenen Bogen, auf dem in fremder Schrift etwas geschrieben stand. Als er es zurücklegte, fand er noch ein zweites halbes Blatt mit den gleichen Schriftzügen. Das eine war eine linke und das andere eine rechte halbe Seite.

„Das muss irgendwie zusammengehören", dachte er. „Aber warum sind die Bogen zerschnitten worden, und wo sind die anderen Hälften?" Als er noch überlegte, was er damit anfangen sollte, klopfte es an die Tür, die nur angelehnt war. Sie öffnete sich fast im selben Augenblick. Willy hörte Tippelschritte, doch sah er niemanden. Ihm wurde ganz unheimlich zumute, und er fühlte sein Herz klopfen. Blitzschnell wurden ihm von unsichtbarer Hand die Papiere aus der Hand gezogen und verschwanden auf Nimmerwiedersehen.

„Na, das ist ja ein Ding!", rief er und blieb wie festgenagelt stehen. Dann aber ging ein Leuchten über sein Gesicht. „Natürlich", schrie er, „jetzt weiß ich es! Es sind die Heinzelmännchen. Ja, wo seid ihr denn? Ich kann euch gar nicht sehen!"

„Das musst du auch nicht", wisperte eine leise Stimme. „Du bist ein schlauer Junge ..."

„Na ja, so schlau bin ich nun auch wieder nicht! Da müsst ihr mal meine Lehrer hören! Aber eines weiß ich jedenfalls ganz genau: Ihr seid irgendwie daran schuld, dass sich die Menschen hier von früh bis spät herumzanken und prügeln, als wären sie nicht gescheit!"

„Das haben wir nicht gewollt", wisperte es wieder. „Wir wollten ihnen doch nur helfen, und es ist bekanntlich seit jeher unsere Überzeugung, dass man den Menschen am besten helfen kann, wenn man ihnen Arbeit abnimmt!"

„Aber doch nicht soviel, doch nicht alle Arbeit!", erklärte Willy und dachte im selben Augenblick an seine Mutter, die immer sagte, sie würde ihm beim Aufräumen ein bisschen helfen. Das andere müsste er aber selbst tun. „Ihr habt den Leuten nicht nur ein bisschen, sondern alle Arbeit weggenommen. Erst dadurch entstand das Unglück!"

„Jaja, du bist wirklich ein kluger Junge", ließ sich die Stimme wieder vernehmen. „Auch wenn deine Lehrer da vielleicht anderer Meinung sind. Jetzt ist aber sowieso Schluss damit!"

„Womit ist jetzt Schluss?", fragte Willy ganz verwundert, „etwa damit, dass ihr alle Arbeit gemacht habt?"

„Ja. Jetzt gilt der Vertrag nicht mehr, den wir mit deinem Onkel abgeschlossen haben! Dafür danken wir dir, und es wird allen Heinzelmännchen eine Lehre sein: Die Menschen vertragen sich viel besser, wenn sie arbeiten müssen ..."

„Ja, aber da könnt ihr ihnen doch wenigstens ein bisschen helfen, sozusagen die halbe Hilfe geben, so wie ich vorhin hier die halbe Ordnung geschaffen habe", wandte Willy ein.

„Das geht nicht! Das geht nicht!", wisperten da mehrere Stimmen. „Für uns Heinzelmännchen gilt die Regel: Alles oder nichts! Alles oder nichts ..."

„Ach so ist das", stotterte Willy. „Aber das ist doch keine gute Regel! Der beste Weg liegt immer in der Mitte, sagt meine Mutter!"

„Jaja, da mag sie recht haben! Da mag sie recht haben", rief eine dunkle Stimme auf halbem Weg zur Tür. „Aber jetzt ist es dafür zu spät. Du hast den Vertrag beendet. Wir gehen jetzt. Leb wohl, lieber Willy, du wirst bestimmt deinen Weg machen. Alles, alles Gute, und grüße deinen Onkel und deine Tante! Adieu ... adieu, adieu!"

Mit dem letzten «Adieu» klappte die Tür zu. Willy besann sich nicht lange. Er rannte hinterher und hätte dabei fast seinen Onkel umgerannt, der soeben von der Ratsversammlung zurückkehrte.

„Ja, zum Donnerwetter", rief er und blickte sich um. „Was ist denn hier los?"

„Ich ... ich habe ein bisschen aufgeräumt, sozusagen nur halb, und da, stell dir vor, da ..."

Aber Professor Schote unterbrach ihn zornig: „Jetzt werde ich bestimmt nichts mehr finden! Meine ganze schöne Ordnung ist hin!" Und jammernd fügte er hinzu: „Du weißt gar nicht, was du angerichtet hast. Jeden Augenblick werden die Heinzelmännchen kommen ..."

„Oh, die waren schon da!", erwiderte Willy eifrig. Dann berichtete er, was er eben erlebt hatte.

Da sank sein Onkel in einen Sessel, den Willy leergeräumt hatte.

„Nicht nur meine Ordnung ist hin", seufzte er. „Nein, auch die

Heinzelmännchen sind hin!" Dann vertraute er seinem Neffen die ganze Geschichte an: Wie er das geheimnisvolle kleine Buch gefunden, die fremde Sprache entziffert und schließlich gegen Rückgabe des Buches mit den Heinzelmännchen einen Vertrag abgeschlossen hatte. Die Heinzelmänner würden nicht wiederkommen, weil Willy gegen den dritten Punkt des Vertrages verstoßen habe. Dieser lautete: „Zum Dritten aber darf Professor Schote für sich selbst niemals die Hilfe der Heinzelmännchen in Anspruch nehmen ..."

„Das hast du ja auch nicht! Und das war auch sehr vernünftig!", rief Willy.

„Warte es nur ab!" erklärte Professor Schote. „Der Punkt geht ja noch weiter. Höre doch: „... niemals die Hilfe der Heinzelmännchen in Anspruch nehmen. Außerdem muss er sein Arbeitszimmer in dem Zustand belassen, den er mit «Ordnung» bezeichnet. In dem Augenblick, in dem das Zimmer aufgeräumt wird, sind die Heinzelmännchen frei und ledig und brauchen den Menschen in der Stadt nicht mehr zu helfen."

„Aber das ist ja prima!", jubelte Willy. „Dann hat doch auch die Streiterei und die Faulenzerei ein Ende gefunden!"

„Ach, das sagst du so", murrte sein Onkel und blickte ganz betrübt drein. „Jetzt werden alle Leute zu mir kommen und wissen wollen, weshalb die Heinzelmännchen nicht mehr arbeiten. Und dann werde ich überhaupt keine Ruhe mehr finden! Es wird noch schlimmer sein als bisher."

Jammernd und klagend lief der Professor durch die ganze Wohnung, und da fiel ihm auf, dass seine Frau Katharina gar nicht da war. „Katharina!", rief er nun, „Katharina, wo bist du?" Doch blieb alles Rufen vergeblich. Seine Frau war und blieb verschwunden. Nun gingen sie daran, alles ganz sorgfältig abzusuchen. Und so fand Professor Schote schließlich in der Küche einen Brief. Darin stand: *Mein lieber Mann, ich halte die Unordnung nicht mehr aus. Halb soviel hätte ich ja immer gern hingenommen, aber so war es auf Dauer zu schlimm. Deshalb gehe ich weg. Sicher wird es dir gar nicht auffallen, dass ich weg bin. Ich habe schon oft gedacht, dass du mich ganz vergessen hast. Deine unglückliche Katharina!*

Professor Schote machte den Mund auf. „Zum Donnerwetter", wollte er sagen, aber er sagte es nicht. Er klappte den Mund wieder zu, dass die Zähne aufeinander klapperten. Dann drehte er sich um und rannte aus dem Haus. Willy blickte ihm ganz verdutzt nach, folgte ihm jedoch umgehend.

Die Leute in den Straßen blieben wie entgeistert stehen, als sie die beiden vorüberrennen sahen, und vor Schreck hörten sie einen Augenblick lang auf, miteinander zu streiten.

Erst draußen vor der Stadt hielt der Professor inne. Er schnaufte vor Anstrengung und drückte die rechte Hand gegen die Brust, dort, wo sein Herz schlug. „Katharina", rief er, „Katharina, ich habe dich doch gar nicht vergessen!" Und Willy rief: „Tante Katharina, komm' doch bloß zurück!" Hundertmal riefen sie es oder noch viel öfter. Zwischen all den Wolken, die schon den ganzen Tag über den Himmel bedeckt hatten, brach in diesem Augenblick die Sonne hervor. Ein Strahl fiel wie von einem Scheinwerfer erst auf einen Holunderbusch und dann auf eine Bank, die davor stand. Und auf dieser Bank saß niemand anderes als Katharina. Als sie ihren Mann plötzlich vor sich stehen sah, kullerten ihr ein paar dicke Tränen aus ihren Augen, und sie sagte halb weinend, halb lächelnd: „Dass du dich nur nicht erkältest, mein lieber Mann!"

Nachdem sie sich genügend umarmt hatten, liefen sie frohgemut nach Hause. Es gab ein wunderbares Abendessen, das noch besser war als im Gasthaus «Zur dicken Zwibbel», dem besten Lokal in der Stadt. Beim Nachtisch ließ Professor Schote aber plötzlich den Löffel sinken. Er wurde ganz blass und rief erschrocken:

„Die Leute werden mir das Haus einrennen. Sie werden mir die schrecklichsten Vorwürfe machen, und darin werden sie plötzlich alle ganz einig sein, und dann stehe ich da ...“

Katharina streichelte über seine Hand, die den Löffel so fest umklammert hielt, als fürchtete er, jemand könnte ihn wegnehmen. „Wieso werden sie zu dir kommen und dir Vorwürfe machen?“, fragte sie dann.

Jetzt erst erzählte ihr der Professor, was in der Zwischenzeit geschehen war. Er schloss mit den Worten: „Eigentlich haben diese Faulpelze und Streithammel es auch verdient, dass sie nun endlich wieder alles selber machen müssen!“

„Jetzt sagst du es selbst,“ rief Willy vergnügt, „dass sie Faulpelze und Streithammel sind. Aber das sind sie nur, weil ihnen alle Arbeit abgenommen wird. Und daran bist du mit deinem blöden Vertrag schuld!“

„Er hat es doch nur gut gemeint“, sagte Katharina und streichelte über die andere Hand. „Er hat es doch nur gut gemeint!“ Und damit hatte sie ja recht. Auch Willy sah das sofort ein.

„Das ist alles schön und gut!“, jammerte der Professor. „Das ändert nichts daran, dass sämtliche Bürger der Stadt morgen früh angelaufen kommen und mich für alles verantwortlich machen. Das wird ein Gebrüll geben ...“ Das mochte er sich lieber nicht vorstellen. Deshalb aß er schnell seinen Nachtisch auf, Pflaumenkompott mit Vanillesoße.

Am nächsten Morgen klingelte es schon um sieben Uhr an der Wohnungstür. Aber es waren nicht die erwarteten Bürger der Stadt, sondern nur der Oberbürgermeister.

„Hmmmh, Hmmmh ...", räusperte der sich, als Professor Schote an der Wohnungstür erschien und ihn hereinbat. „Hmmmh. Herr Professor, guten Morgen. Einen recht guten Morgen wünsche ich Ihnen, obwohl es heute bestimmt keinen guten Morgen geben wird. Aber Sie müssen mir helfen! Sie sind der einzige, der mich verstehen wird!"

„Ich?", fragte Professor Schote ganz verdutzt. „Was ist denn geschehen, und wie kann ich helfen oder ... oder verstehen?"

„Ich will's Ihnen gleich sagen", sagte der Oberbürgermeister, „aber bleiben Sie ganz ruhig! Ja, ganz ruhig. Hmmmh, ja, also, hmmmh, es ist so ... Hmmmh ..." Dann aber gab er sich einen Ruck und rief: „Ich habe gestern abend Erbsen bei mir auf die Treppe und im ganzen Haus gestreut!"

„Wie bitte?", erkundigte sich der Professor, der meinte, er hörte nicht richtig.

„Jawohl, Sie haben richtig gehört! Aber bleiben Sie ruhig! Bleiben Sie ruhig. Erbsen habe ich gestreut, und weil die nicht reichten, auch weiße Bohnen! Ich konnte das ewige Geschrei und Gezänk, die Wühlerei und Prügelei in den Straßen nicht mehr ertragen. Schließlich musste ich als Bürgermeister etwas dagegen tun, nicht wahr? Das konnte ich doch nur, wenn ich es so machte, wie die Schneidermeisterin Schnipp es seinerzeit ..."

Professor Schote wollte ihn erst berichtigen und sagen, ihr Name wäre Schnapp und nicht Schnipp gewesen, aber dann brach es wie eine Naturgewalt aus ihm hervor, ein ungeheures Gelächter, und so lachte er, und mit ihm lachten Katharina und Willy. Jetzt würden die

Bürger nicht zu ihnen gelaufen kommen und sich beschweren, sondern zum Oberbürgermeister.

„Das haben Sie gut gemacht!", rief Professor Schote schließlich. „Das haben Sie wirklich gut gemacht. Sie sind ein guter Oberbürgermeister! Und ein kluger obendrein. Etwas Besseres haben Sie nicht tun können, auch wenn nun die Bürger zu Ihnen gelaufen kommen und sich in ihrem Zorn auf Sie plötzlich ganz einig sind! Sie werden schwere Stunden erleben, das sage ich Ihnen!!"

„Na eben!", gab der Oberbürgermeister zu. „Sie werden inzwischen längst gemerkt haben, dass in der letzten Nacht kein Heinzelmännchen mehr gearbeitet hat. Und deshalb bin ich zu Ihnen gekommen, Herr Professor. Sie verstehen mich und werden mir bestimmt helfen. Ich will nämlich ganz schnell ein Extrablatt drucken lassen, damit mir die Leute nicht das Haus einrennen! Vielleicht können wir den Text zusammen entwerfen? Am liebsten wäre es mir, wenn wir nicht zu sagen brauchen, dass ich die Erbsen und Bohnen gestreut habe ..."

Na, das tat Professor Schote dann auch gern. Er zog sich mit dem Oberbürgermeister in das Arbeitszimmer zurück. Katharina und Willy hörten hin und wieder ihre Stimmen, die von Gelächter unterbrochen wurden. Dann eilte der Oberbürgermeister davon. Er blickte noch immer sehr besorgt drein, doch hatten sich wenigstens die tiefsten Sorgenfalten auf seiner Stirn geglättet. Schon zwei Stunden später liefen Zeitungsboten durch die Straßen und riefen:

„Heinzelmännchen verschwunden! Hülsenfrüchte vertrieben Heinzelmännchen zum zweiten Mal. Alle Bürger müssen von jetzt ab wieder arbeiten! Der Oberbürgermeister hat die Ratsversammlung einberufen! Jetzt muss wieder gearbeitet werden! Hülsenfrüchte vertrieben die Heinzelmännchen!"

In der Stadt summte es alsbald wie in einem Bienenhaus. Hatten manche Bürger bisher das Ausbleiben der Heinzelmännchen in der Nacht noch für ein Versehen gehalten, so wurden sie jetzt eines besseren belehrt. Vor Aufregung über die Nachricht vergaßen sie allen Streit. Von Langeweile konnte keine Rede mehr sein. Ein Nachbar rannte zum nächsten Nachbarn, um diese Neuigkeit mit ihm zu besprechen. So sprachen eigentlich alle zur gleichen Zeit. Bis tief in die Nacht hing das Gesumm ihrer Stimmen wie eine Wolke über der Stadt. Erst allmählich wurde es still. Am nächsten Morgen fanden sich alle Bürger wieder an ihren Arbeitsplätzen ein, als wäre nichts geschehen. Allerdings mussten sie sehr häufig gähnen, weil sie in der Nacht ja nur wenig geschlafen hatten.

Es war der Autoreparaturwerkstattmeister, der eine Woche später zu Professor Schote sagte: „Wissen Sie, Herr Professor, die Langeweile war doch fürchterlich. Es ist bloß gut, dass die Heinzelmännchen weggegangen sind, obwohl ich ja finde, dass sie uns wenigstens noch ein bisschen hätten helfen können. Halb so viel hätte ja auch gereicht und wäre viel hilfreicher gewesen ...“

„Alles oder nichts, lautet eine Regel der Heinzelmännchen“, erwiderte der Professor, „alles oder nichts. Bei den Heinzelmännchen gibt es nichts Halbes!“

„Ach so“, meinte der Autoreparaturwerkstattbesitzer. „So ist das! Naja, wie auch immer: Ich glaube, dass alle Leute damit zufrieden sind, dass nun endlich der Streit vorbei ist.“

Und damit sagte er die Wahrheit. Die Bürger der Stadt murrten zwar hier und da, doch setzte sich allmählich überall die Einsicht durch, dass es ihnen sogar dann wieder besser ging, wenn sie schwere und schmutzige Arbeit verrichten mussten. „Besser überhaupt Arbeit als keine Arbeit", sagten sie und nickten sich bestätigend zu.

Professor Schote erhielt etliche Briefe, in denen ihm Bürger dafür dankten, dass er die Erbsen und Bohnen gestreut hatte. „Nur ein kluger Mann konnte auf diese Idee kommen. Und das sind Sie ja, Herr Professor!" Einer setzte noch am Schluss seines Briefes hinzu: „Aber Klugheit allein genügte dafür nicht, sondern es gehörte auch Mut dazu. Und Sie, lieber Herr Professor, sind sowohl ein kluger als auch ein mutiger Mann! Vielen Dank!"

„Lassen Sie die guten Leute bei dieser Meinung", bat der Oberbürgermeister. „Zwar würde ich mich auch freuen, wenn man mich klug und mutig nennen würde. Aber es ist eben besser, wenn man Sie dafür hält ..."

„Mein lieber Mann ist klug und mutig. Man muss ihn nicht nur dafür halten , Herr Oberbürgermeister!", tadelte ihn Katharina.

„Jaja, selbstverständlich", erwiderte dieser. „So und nicht anders habe ich es ja auch gemeint! Ein Mann, der fast dreißig Sprachen kennt und sprechen kann, kann gar nicht anders als klug und mutig sein!"

„Ja, wenn Sie meinen", murmelte der Professor. „Doch gar so klug und mutig bin ich ja gar nicht. Ich muss Ihnen jetzt endlich gestehen ..."

Aber er kam gar nicht dazu, mehr zu sagen, weil der Oberbürgermeister in seine Tasche griff und einen Orden, nunmehr ja schon den zweiten!, hervorholte und dem Professor überreichte ...

„Nein, nein, den kann ich nicht annehmen", sagte Professor Schote ganz entschieden. „Den muss mein Neffe Willy erhalten, denn um bei der Wahrheit zu bleiben, mein lieber Herr Oberbürgermeister: Weder Sie noch ich haben die Heinzelmännchen vertrieben. Der Dank dafür gebührt allein Willy!" Und dann erzählte er, wie alles wirklich gekommen war. Zunächst war der Oberbürgermeister geradezu sprachlos vor Verblüffung. Dann lachte er. Ihm schloss sich Professor Schote an. Katharina stimmte ebenso ein wie schließlich auch Willy, ganz nach dem Sprichwort: Wer zuletzt lacht, lacht am Besten. Und er tat gut daran, denn er erhielt nicht nur den Orden, sondern auch einen dicken Geldbeutel. In dem befanden sich nicht etwa Erbsen oder andere Hülsenfrüchte! Nein, in dem Beutel steckten viele, viele goldene Taler.

Als er einige Tage später wieder abreiste, weil seine Ferien zu Ende waren, verließ er Onkel und Tante, aber auch die Stadt nur schweren Herzens. Der Professor lud ihn ein, im nächsten Jahre wiederzukommen. Bis dahin wollte er endlich in Ruhe die achtundzwanzigste Sprache lernen, was ihm bisher nicht gelungen war.

„Aber im nächsten Jahr", sagte der Professor und zwinkerte Katharina vergnügt zu, „im nächsten Jahr fahren wir dann alle gemeinsam zum Nordpol!"

Tante Katharina nickte zustimmend, während sie ganz behutsam auf dem Schreibtisch Bücher zurechtrückte und vorsichtig Staub wischte, um nichts mehr als nötig zu ordnen.

„Weißt du, Willy", sagte sie und lächelte, „wir wollen nur deshalb zum Nordpol fahren, wo es doch so schrecklich kalt ist, weil dort niemals Menschen gelebt haben!"

„Ich will endlich mal keine unbekannte Sprache entdecken und lernen", ergänzte Professor Schote. „Und am Nordpol ist das ganz unmöglich. Außerdem haben wir uns endlich einmal richtige Ferien verdient, nicht wahr?"

Einhunderttausend Taler

Es gab eine Zeit, da war es üblich, dass die Männer täglich zum Friseur oder zum Barbier gingen, um sich rasieren zu lassen. Viele hatten immer wieder versucht, sich den Bart oder auch nur die Stoppeln selbst zu scheren. Das war billiger und zeitsparend. Doch viele erwiesen sich als zu ungeschickt, um dies auf Dauer selbst zu tun. Und deshalb gingen sie zum nächsten Barbier, wo für sie dann auch meist ein eigenes Handtuch reserviert war und der Meister schließlich auch die neuesten Nachrichten erzählte, während sein Rasiermesser flink und geschickt über Wangen und Kinn fuhr. Vorher schlug der Lehrling aber den Seifenschaum, dass er fest wurde wie Schlagsahne. „Alwin Klein seift alle ein!", lautete der Werbespruch. Als Kind habe ich alles oft genug beobachten können, und ich fand die Prozedur insgesamt wenig unterhaltsam.

Kaum länger ist es her, dass Eduard Wormbüdel gelebt und gearbeitet hat. Sein Haus in der Pfeifengasse ist allerdings schon vor längerer Zeit abgetragen worden, was, wie wir noch hören werden, unvermeidbar war. Doch Eduard Wormbüdel, der große Erfinder, ist deswegen noch längst nicht vergessen. Ein Gasthof in seiner Heimatstadt trägt zum Beispiel heute noch seinen Namen: «Zum reichen Wormbüdel» heißt er. Und hier war es auch, wo ich den alten Karton gesehen habe, den der dicke Wirt in einer besonderen Kammer, die keine Fenster und nur eine Tür hatte, aufbewahrte. Für ihn war der Karton ein wahrer Schatz, den er nur gelegentlich hervorholte, um ihn seinen Gästen zu zeigen.

Ich erinnere mich noch genau an den Abend, als er wieder einmal in vorgerückter Stunde trotz seines beträchtlichen Gewichts leichtfüßig davoneilte, um schließlich mit dem alten Karton zurückzukommen. Aber er trug den Karton nicht in den Händen, sondern auf einer ziemlich großen silbernen Platte, was sich sehr sonderbar ausnahm, weil das blitzende Silber und der alte verblichene Karton gar nicht zusammenpassten. Dazu machte der Wirt ein überaus feierliches Gesicht und sagte:

„Da waren sie drin!"

Er sagte es zunächst nur den fünf Männern und drei Frauen, mit denen er zusammen an einem Tisch gesessen hatte, und diese schienen auch gleich zu wissen, was er meinte. Die übrigen Gäste aber reckten neugierig ihre Hälse, und diejenigen, die ganz hinten saßen, standen sogar auf.

„Wer war da drin?", fragten die einen, und andere fragten: „Was war in dem alten Karton?"

Erwartungsvolle Stille breitete sich in der Gaststube aus. Von dem Karton, in dem einmal Seife verpackt gewesen war, stieg ein feiner Duft auf, der sich bald mit dem Geruch der Getränke und des Essens verband, aber doch spürbar blieb. Einige Gäste schnüffelten, als handelte es sich um ein besonders kostbares Aroma. Dann erst antwortete der dicke Wirt auf die Fragen.

„Was da drinnen war?", wiederholte er und fügte nach einer weiteren Pause hinzu: „Na, die einhunderttausend Taler natürlich!" Er schlug mit der flachen Hand gegen den Karton, und der gab einen dumpfen, hohlen Ton von sich. „Stellen Sie sich vor: In diesem schäbigen Seifenkarton befanden sich einmal einhunderttausend Taler!" Und in die atemlose Stille hinein flüsterte der Wirt: „Das ist nämlich Wormbüdels, Eduard Wormbüdels Portemonnaie oder Geldbeutel gewesen!"

Manche der Gäste kannten ja die Geschichte schon, aber es schien so, als könnten sie sich gar nicht satthören und sattsehen. Jetzt ging jedenfalls ein lautes Aufatmen durch ihre Reihen. Alle Blicke hingen an den Lippen des Wirts, als der nun die Geschichte von dem merkwürdigen und in seiner Art wohl einmaligen Portemonnaie erzählte.

Natürlich hatte der Seifenkarton nicht immer der Aufbewahrung von Reichtümern gedient. In dem Augenblick, von dem der Wirt zunächst erzählte, stand er noch auf dem Dachboden unbeachtet in einer Ecke. Eine große rötliche Spinne machte sich soeben daran, ein kunstvolles Netz über ihn hinweg zu spinnen, während einzelne Regentropfen durch das schadhafte Dach des Hauses herabfielen. Der Wind pfiff durch die zerbrochene Dachluke und durch einzelne Löcher, die durch das Herabfallen von Ziegeln entstanden waren. Er zischte wie durch große Zahnlücken und versetzte die feinen Spinnefäden in lebhafte Schwingungen. Doch die Spinne kümmerte sich darum nicht, ebensowenig wie Eduard Wormbüdel, der gleich neben dem Bodenraum in seiner Dachkammer düsteren Gedanken nachhing. Um seinen Hunger zu stillen, kaute er auf einem uralten Brotkanten herum. Doch seine Sorgen waren zunächst noch größer als sein Hunger.

Am Morgen war nämlich ein Gendarm bei ihm erschienen, und er hatte ihn zwar freundlich, aber sehr entschieden aufgefordert, das Haus innerhalb eines Monats zu räumen. Es sei ein Schandfleck in der

Stadt und eine Bruchbude obendrein. Längst hätte man sie abreißen wollen, wäre aber auf Eduard Wormbüdels Eingaben hin immer bereit gewesen, den Abriss zu verschieben. Das Versprechen, er würde es, sobald er zu Geld käme, wiederherstellen, schöner und prächtiger als je zuvor, wäre von ihm aber nie eingehalten worden. Vielmehr seien gerade wieder einige Ziegel vom Dach gefallen, und Geld käme wohl selbst durch die immer größeren Löcher nicht herein. Vielmehr hätten alle Bürger den Eindruck gewonnen, das Geld machte sozusagen immer größere Bögen um das Haus. Deshalb müsse es jetzt weg!

Nun hatte der Gendarm ja leider durchaus recht. Eduard wusste das nur zu gut. Nicht umsonst hatte er am Fuß der altersschwachen Treppe, deren Geländer deutliche Lücken aufwies, ein Schild angebracht. Auf diesem stand in großen Buchstaben: «Nur Mut!». Es gehörte tatsächlich Mut dazu, auch nur eine Stufe zu betreten. Wer heil bis oben gelangte, war geradezu ein Held. Eduard hatte es deshalb nicht versäumt, an seiner Kammertür noch ein Schild anzubringen. Auf diesem stand ebenfalls in großen Buchstaben: «Herzlichen Glückwunsch!». Er meinte das ganz aufrichtig, denn er beglückwünschte sich auch jedes Mal, wenn er hinaufgelangt war, ohne Schaden zu nehmen.

Nun war die Gefahr für Besucher deswegen nicht besonders groß, weil nur ganz selten jemand zu ihm kam. Der Gendarm war seit einer Woche der erste, der das Haus betreten hatte, und der war unten am Fuß der Treppe stehengeblieben und hatte Eduard von dort aus aufgefordert, zu ihm herabzusteigen.

„Feigling", hatte Eduard gemurmelt, sich dann aber umgehend auf den gefährlichen Abstieg begeben, nur um zu erfahren, dass er das Haus binnen eines Monats verlassen müsse. Wo sollte er dann jedoch bleiben? Und wie sollte er noch Erfindungen machen, wenn er keine Wohnung besaß, nicht einmal ein Kämmerchen? Doch so schlimm das alles auch war, noch schlimmer war es, dass er für seine letzte Erfindung bisher keinen einzigen Heller erhalten hatte, geschweige denn einen Taler. Ja, es hatte sich nicht einmal jemand gemeldet, der sie kaufen wollte. Dabei handelte es sich diesmal um eine überaus nützliche Erfindung!

„Ach, wenn ich nur fünf Taler hätte", seufzte Eduard, „oder gar zwanzig, dann würde ich das Haus, so sehr mein Herz auch daran hängt, schnurstracks verlassen! Sofort! Als mein Großvater noch lebte, waren zum letzten Mal Reparaturen erfolgt." Seitdem hatte es erst die Farbe eingebüßt, und schließlich war es immer baufälliger geworden.

„Wenn ich zwanzig Taler hätte, wäre ich reich! Dann brauchte ich mir mein Leben lang keine Sorgen mehr zu machen", sagte Eduard laut und deutlich, als hätte er einen Zuhörer.

Es muss an dieser Stelle erwähnt werden, dass Eduard Wormbüdel vom Wert des Geldes keine Ahnung hatte. Da er nie etwas besaß, erschien ihm der Besitz von zehn oder zwanzig Talern als Reichtum. Fünfzig Taler hatte er nie auf einem Haufen gesehen. Mit hundert Talern wäre er sich gewiss wie ein Millionär vorgekommen.

Wie üblich wurde Eduard nicht müde, sich jetzt wieder und wieder vorzustellen, wie es wäre, wenn er zwanzig Taler besäße. Erst durch einen Blick auf die Wanne, die in der Mitte der Kammer stand, wurde er aus seinen Gedanken gerissen. Bekanntlich regnete es an diesem Tage schon vom frühen Morgen an, und wie in dem Bodenraum nebenan drang auch hier der Regen durch einige schadhafte Stellen im Dach. Genau über der Wanne klaffte ein Loch, wenigstens so groß wie ein Taler. Eduard hatte sie an diesem Tag schon mehrere Male geleert. Im Augenblick war sie aber noch nicht voll. Dafür hatte Eduard aber entdeckt, dass auch sie nicht mehr dicht war. Fünfzig Jahre hatte sie den Wormbüdels treu und brav gedient, ohne ein Loch zu bekommen. Heute jedoch, wo der Gendarm bereits für genug Aufregung gesorgt hatte, musste nun auch noch dieses Missgeschick passieren! Aber schließlich wusste sich Eduard Wormbüdel doch zu helfen. Ein Erfinder weiß immer Rat!

Zwar musste er erst einige Zeit durch das Haus irren, bis er fand, was er suchte. Mit einem Blechtrichter und einem meterlangen Stück Leitungsrohr kehrte er endlich wohlbehalten zurück. Er rückte den einzigen Stuhl, den er besaß - und der hatte zwar keine Sitzfläche mehr, wohl aber alle vier Beine! -, unter die schadhafte Stelle und über die Wanne. Dann befestigte er den Trichter mit Hilfe eines Drahtes genau unter dem Loch. Schließlich bog er das Leitungsrohr so zurecht, dass er dessen Ende über die Trichteröffnung schieben konnte. Nun floss das Wasser durch das Loch im Dach in den Trichter und von hier aus in das Leitungsrohr, das durch den Stuhl in die Wanne reichte und so nicht umfallen konnte. Und da er nun einmal dabei war, nutzte er ein weiteres Stück Rohr, um es seitlich durch das Loch in der Wanne zu drücken. Nun fehlte nur noch ein Loch im Fußboden. Dann konnte er das Rohr dort hineinschieben.

Nach einigem Suchen fand sich nicht weit von der Wanne entfernt eine mürbe Stelle im Fußboden, die Eduard rasch durchbohrte und so den Abfluss aus der Wanne ermöglichte. Nun brauchte er sie überhaupt nicht mehr zu entleeren. Sie machte das ganz allein! Und so floss nun das Regenwasser erst durch das Loch im Dach in den Trichter und von hier aus durch das Leitungsrohr in die Wanne, bis es schließlich durch das seitlich angebrachte Rohrstück durch das Loch im Fußboden rann und hier ins Zimmer floss, das ohnehin seit Jahren leer stand, weil die Dielenbretter teilweise verfault und einige von ihnen in den Keller gestürzt waren. So gelangte das Regenwasser genau genommen in den Keller! Und dort störte es niemanden.

Eduard blickte stolz auf seine neue Erfindung, die ebenso einfach wie großartig war. So blieb der Fußboden in der Kammer vollkommen trocken! Leider ließ sich vermutlich diese Erfindung woanders nicht verwenden. Eduard bedauerte das einen Augenblick lang aufrichtig. Aber er war sicher, dass niemand auf der Welt unter ähnlichen Umständen lebte wie er selbst. Und deshalb taugte seine Erfindung nur für ihn selbst etwas.

Eduard fühlte nach all den Anstrengungen, wie ihm die Knie zitterten. Er war vollkommen erschöpft. Und der Magen knurrte gewaltiger als zuvor, so sehr er auch seinen Bauch einzog, um den Magen möglichst zusammenzudrücken. Eduard ließ sich ermattet auf sein Lager nieder, nahm den harten Brotkanten und knabberte an ihm herum. Da ließ der Hunger tatsächlich allmählich nach.

Unterdessen spann die Spinne nebenan im Bodenraum weiter an ihrem Netz, während eine dicke Fliege bereits in der Nähe saß und das feine Netz mit unverständigen Blicken bestaunte. Hin und wieder klopften Regentropfen auf den leeren, ach! immer noch leeren Pappkarton mit dem feinen Seifengeruch.

Eduard Wormbüdel döste unterdessen vor sich hin. Er schlief nicht, nein! Aber er war auch nicht wach! Er war einfach zu hungrig, um richtig wach zu sein, aber auch zu hungrig, um schlafen zu können. Hin und wieder blickte er wohlgefällig auf seine neueste Erfindung. Einmal schob er aus Versehen statt der Brotkruste plötzlich seinen Daumen in den Mund: Schwupp.

„Au!", schrie er im selben Augenblick, denn er hatte in der Meinung, es sei der Kanten, hineingebissen, so dass einige Blutstropfen hervorquollen. Erschrocken fuhr er sich über das Gesicht und schrie erneut auf, weil ihn die Bartstoppeln piekten. Er hatte sich schon seit wenigstens einer Woche nicht mehr rasiert, und die Stoppeln zerpiekten den wunden Daumen noch mehr. Eduard leckte die Blutstropfen ab, die an mehreren Stellen hervorquollen.

„Das hat man nun davon", jammerte er. „Da habe ich nun neulich eine so schöne Erfindung gemacht, und trotzdem habe ich Stoppeln im Gesicht wie ein Feld, wenn das Korn abgemäht ist. Ach, hätte ich doch nur nicht den - den wormbüdelschen Apparat zur Entfernung der Barthaare - die größte Erfindung dieses Jahrhunderts! - diesem Herrn Schlickerborn geschickt ..."

Eduard nickte kummervoll und setzte sein Selbstgespräch fort: „Der Herr Schlickerborn weiß meinen Apparat sicher gar nicht zu schätzen. Zu dem kommt bestimmt jeden Tag ein Barbier mit seinem Gehilfen. Er hatte ja genügend Zeit und Geld. Warum sollte er da meinen Apparat zur Entfernung der Barthaare kaufen, obwohl sich mit dem viel leichter und besser rasieren ließ?"

Eduard sank erschöpft auf sein Lager zurück. Er murmelte noch einige unverständliche Worte vor sich hin, die wie „Rasierapparat" und manchmal auch wie „Schlickerborn" klangen. Dann lag er wieder ruhig und mit geschlossenen Augen da. Die Zeit verging.

Plötzlich krachte es im Treppenhaus, als zerbräche eine Stufe.

„Ach, mein Magen knurrt aber wirklich zu gewaltig", stöhnte Eduard und streichelte seinen Bauch mitleidig.

Wieder krachte es im Treppenhaus, noch lauter als zuvor, Holz splitterte.

Eduard richtete sich mit einem Ruck auf und blickte ganz verwundert drein.

„Das war doch nicht mein Magen", murmelte er verwirrt. „So laut hat er selbst damals nicht geknurrt, als ich fünf Tage lang nichts zu essen hatte! Diesmal sind es erst drei, und dabei habe ich ja auch noch meinen Brotkanten. Da kann der Magen einfach nicht so laut knurren! Merkwürdig ... Merkwürdig ..."

Plötzlich klopfte es an die Kammertür, nicht gerade zaghaft, das muss man schon sagen. Die Tür, die unverschlossen war und nur lose in den Angeln hing, flatterte einige Male wie eine wehende Gardine hin und her, um dann knallend aus den Angeln zu springen. Gleichzeitig mit der Tür fiel ein großer und stattlicher Mann ins Zimmer. Sein Kopf schlug dabei geradewegs auf das Schild mit der Inschrift «Herzlichen Glückwunsch!».

Eduard Wormbüdel wollte eigentlich aufspringen, doch sank er auf halbem Wege wieder zurück, um sich schließlich auf seine Arme zu stützen und den Besucher erstaunt zu betrachten. Als der endlich wieder auf den Beinen stand, murmelte Eduard mit matter Stimme: „Sie sind aber stürmisch!"

„Entschuldigen Sie bitte tausendmal, dass ich so wortwörtlich mit der Tür in Ihre gute Stube falle", stotterte der Besucher, der ganz verlegen war. „Für den Schaden komme ich natürlich auf. Fünf Taler werden doch genügen?"

Eduard Wormbüdel setzte sich auf und fasste sich an den Kopf. Er wusste nicht, ob er wach war oder ob er träumte.

„Das schöne Treppengeländer habe ich übrigens auch beschädigt", fuhr der große und stattliche Mann heftig atmend fort. „Es liegt jetzt unten im Hausflur. Mir tut es auch sehr leid, dass ich außerdem eine

Stufe zerbrochen habe. Ich bin eben ziemlich schwer, aber mit zehn Talern kann man den Schaden wohl wieder reparieren?"

Eduard war unterdessen zu der Überzeugung gelangt, dass er träumte. Es war doch ausgeschlossen, dass dieser fremde Mann wirklich in seiner Kammer stand und Taler bezahlen wollte, wo doch die ganze Bruchbude keinen einzigen Heller mehr wert war. Es war überhaupt wie ein Wunder, dass dieser feine Herr unbeschädigt hier oben angelangt war.

„Herzlichen Glückwunsch", murmelte Eduard ganz versonnen, denn er hatte alle Hochachtung vor dieser Leistung, und sei sie auch nur im Traum vollbracht worden.

„Das steht auch an Ihrer Tür", meinte der Besucher eifrig.

„Jaja", erwiderte Eduard, „damit empfange ich meine Gäste!"

„Schlickerborn", sagte der Herr und verbeugte sich.

„Wie bitte?"

„Schlickerborn! Mein Name ist Schlickerborn, Gustav Schlickerborn. Ich kaufe Erfindungen ..."

„Natürlich", flüsterte Eduard, und er meinte damit: Natürlich ist das nur ein Traum! Aber ein schöner Traum! Und er lächelte glücklich.

„Sie haben da ja eine großartige Erfindung gemacht", sagte Herr Schlickerborn voller Hochachtung, während er zugleich mit erstaunten Blicken das Loch im Dach betrachtete, den Trichter darunter und das gebogene Leitungsrohr, das durch den Stuhl ohne Sitz in die Wanne führte, von wo aus seitlich ein weiteres Rohrstück in den Fußboden reichte. „Wirklich, eine großartige Erfindung!"

„Jaja, das war nicht leicht zu bewerkstelligen", erwiderte Eduard, der vor Stolz einen roten Kopf bekam. „Das Leitungsrohr habe ich erst mühsam abmontieren müssen!"

„Ich kaufe sie!", sagte Herr Schlickerborn.

„Wen? Was?", fragte Eduard. „Was wollen Sie kaufen? Meine Dach-schadenregentropfenauffangundAbflussapparatur hier?"

„Nein! Nein!", rief Herr Schlickerborn und schlug sich klatschend auf seine Schenkel, denn er hielt Eduards Worte für einen hübschen Spaß. „Ich meine natürlich ..."

„Psst, nicht so laut", warnte Eduard. „Das Haus könnte zusammen-stürzen!"

„Entschuldigen Sie", bat Herr Schlickerborn und dämpfte seine Stimme so sehr, das man ihn kaum mehr verstehen konnte: „Ich mei-ne natürlich Ihren Apparat zur Entfernung der Barthaare!"

„Was?", schrie Eduard überrascht und schlug sich gleich darauf zwar nicht wie Herr Schlickerborn auf die Schenkel, sondern auf den Mund, weil der Schrei ein Knacken im Gebälk bewirkte. Als es wieder ruhig war, lobte sein Besucher erneut seine Erfindung. Auf sie habe die Welt schon seit einiger Zeit gewartet, und nun sei sie da, wie vom Himmel gefallen. Sozusagen. So flossen die Worte dahin, und Eduard begann die Unterhaltung immer größeren Spaß zu machen. Wie schön kann man sich doch im Traum unterhalten, dachte er. Und spitzbü-bisch fragte er dann:

„Ja, haben Sie denn überhaupt so viel Geld, um ... um meinen Appa-rat zur Entfernung der Barthaare, kurz Rasierapparat genannt, kaufen zu können? Wie?"

Zwanzig Taler könnte ich eigentlich verlangen, dachte er dabei.

„Wieviel wollen Sie haben?", fragte Herr Schlickerborn im selben Moment und lächelte wohlgefällig.

Eduard schoss erneut das Blut in den Kopf. Ein verwegener Mut, eine unbeschreibliche Keckheit ließ ihn aus den zwanzig Talern geschwinde fünfzig machen. Im Traum kann man ja ruhig mehr verlangen!

„Hundert!" sagte er dann laut, und er war selbst überrascht, als er sich so hörte.

Herr Schlickerborn blieb völlig ungerührt.

„In Ordnung", sagte er. „Ein tüchtiger Erfinder muss auch tüchtig belohnt werden. Die ganze Welt wird Ihren Rasierapparat kaufen!"

„Hoffentlich!", erwiderte Eduard, während er sich vorsichtig mit der linken Hand über die stoppligen Wangen strich.

„Na, wissen Sie ...", kicherte Herr Schlickerborn plötzlich. „Sie sind mir ja der richtige! Da erfinden Sie einen Rasierapparat und laufen trotzdem mit einem Stoppelfeld herum? Sie sehen ja richtig gefährlich aus! Aber das werden wir gleich haben!" Herr Schlickerborn griff in seine rechte Rocktawormbüdelschen sche und holte - den Apparat zur Entfernung der Bart-

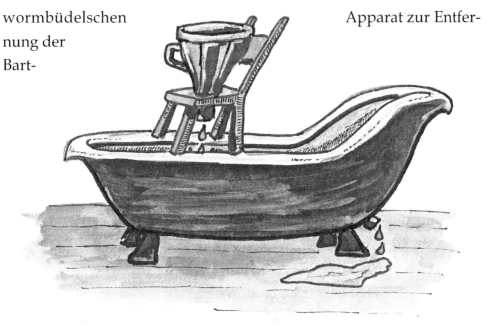

haare heraus, den Eduard ihm vor längerer Zeit geschickt hatte. Damit aber nicht genug. Herr Schlickerborn holte auch ein Stück Seife und einen Rasierpinsel aus der Tasche.

„Wissen Sie", sagte er, als Eduard ihn ganz entgeistert anblickte, „ich musste Ihre Erfindung doch all meinen Freunden zeigen. Fünfzehn von ihnen wollten umgehend, dass ich ihnen vorführte, wie man mit Ihrem Apparat umgeht! Jetzt sind Sie dran. Keine Widerrede, bitte!"

Ohne sich um Eduards Proteste zu kümmern, seifte ihn Herr Schlickerborn höchstpersönlich ein, während er den Rasierpinsel hin und wieder in die Wanne tauchte. Schließlich nahm er den kleinen Rasierapparat, wie auch heute noch viele verwendet werden, und nur wenige Minuten später war Eduards Kinn glatt und blank!

„Mit Ihrer Erfindung macht das Rasieren richtig Spaß!", erklärte Herr Schlickerborn strahlend und rieb sich die Hände. „Und es ist auch ganz ungefährlich! Wie oft habe ich mich mit dem Rasiermesser geschnitten, das können Sie sich gar nicht vorstellen! Aber damit ist es nun endgültig vorbei. Alle Männer werden sich darüber freuen, nur die Barbiere nicht! Die bestimmt nicht, denn jetzt verlieren sie viele Kunden!"

Eduard fuhr sich noch immer mit den Händen über seine Wangen und murmelte dabei vor sich hin: „Rasieren macht jetzt richtig Spaß ... Rasieren macht jetzt richtig Spaß ..."

Herr Schlickerborn nickte zustimmend und rief plötzlich, als wäre ihm ein guter Einfall gekommen: „Und wächst der Bart auch wie das Gras - Rasieren macht jetzt richtig Spaß! Wie finden Sie diesen Spruch?"

„Sehr schön ... sehr schön ... Sie sind ja ein Dichter", sagte Eduard mit deutlicher Bewunderung in der Stimme, und dann wiederholte er den Spruch: „Und wächst der Bart auch wie das Gras - Rasieren macht jetzt richtig Spaß!"

Herr Schlickerborn stimmte gleich mit ein, und in den folgenden Minuten sprachen sie gemeinsam immer und immer wieder wie mit einer Stimme: „Und wächst der Bart auch wie das Gras - Rasieren macht jetzt richtig Spaß ..." Dabei wurden sie immer lauter, lachten auch dabei, bis - ja, bis es im Gebälk über ihnen bedenklich zu knacken begann. Da hielten sie erschrocken inne und lauschten eine Weile, doch sich ließ nichts weiter mehr vernehmen.

„Ich habe übrigens das Geld unten im Wagen", flüsterte Herr Schlickerborn, der wieder seine vergnügte Miene aufsetzte. „Ich würde mich freuen, wenn ich es Ihnen gleich geben dürfte ... Gegen Quittung natürlich ..."

„Gegen Quittung. Natürlich gegen Quittung ... Mir soll es recht sein", flüsterte Eduard, als träumte er wieder einen schönen Traum. „Mir ist jetzt alles recht!"

„Neunzigtausend Taler erhalten Sie in Geldscheinen, die restlichen zehntausend in blanken Silbertalern. Das ist Ihnen doch auch recht?"

„Natürlich, natürlich", sagte Eduard und lächelte versonnen, so als sähe er gerade ein dick mit Butter bestrichenes Brötchen und daneben ein weichgekochtes Ei und Marmelade ...

Herrn Schlickerborns Stimme unterbrach den Traum: „Würde es Ihnen etwas ausmachen, lieber Herr Wormbüdel", fragte er offenbar zum zweiten Mal, „würde es Ihnen etwas ausmachen, mit mir herunterzukommen? Ich möchte Ihre schöne Treppe nämlich nicht noch mehr zertrümmern ... Hahahaha", lachte er dann wieder mit lauter Stimme. „Eigentlich ist das ja ein ulkiges Haus!"

„Eine Bruchbude ...", murmelte Eduard bekümmert. „Sagt jedenfalls der Gendarm!"

„Na, Sie können sich ja jetzt ein neues, schöneres und größeres Haus bauen", sagte Herr Schlickerborn. „Mit einer Treppe drinnen, an der Sie kein Schild anbringen müssen mit der Inschrift «Nur Mut!», und das andere Schild «Herzlichen Glückwunsch!» können Sie dann auch sparen!"

„Jaja", antwortete Eduard, und seine Stimme klang ein wenig traurig. „Ich hatte mich eigentlich schon daran gewöhnt, und ... und meine allerneueste Erfindung, die Dachschadenregentropfenauffang- und Abflussapparatur, werde ich dann auch nicht mehr gebrauchen können. Wirklich schade ..."

Herr Schlickerborn lachte zum dritten Mal schallend los, denn er hielt Eduards Worte wie vorher für einen Witz. Erst als es im Gebälk ernsthaft zu rumoren begann, verstummte er.

„Wir wollen lieber nach unten gehen", flüsterte er ängstlich.

Eduard erhob sich folgsam und stieg vor Herrn Schlickerborn vorsichtig die Treppe hinunter, während im benachbarten Bodenraum die große Spinne soeben ihr Werk vollendete. Eilig spann sie die letzten Fäden, während die Fliege großäugig an einem Balken über ihr hockte. Arme Spinne, du spinnst vergeblich! In zehn Minuten wird Eduard Wormbüdel dein Werk zerstören!

Da rumorte es bereits wieder gefährlich unter dem Dach und auf der Treppe. Diesmal zerbrach indessen nichts. Diesmal war es wirklich nur Eduards Magen, der so wütend knurrte wie ein hungriger Löwe, weil Eduard doch geradezu auch einen Löwenhunger hatte.

Herr Schlickerborn trat nur mit den Zehenspitzen auf und schlich wie ein zu dick gewordener Indianer auf dem Kriegspfad Stufe für

Stufe hinab. Und so gelangten beide wohlbehalten unten an. Herr Schlickerborn marschierte hurtig zu seiner Kutsche, die vor dem Hause stand. Zwei stramme Burschen saßen vorn auf dem Bock. Sie sahen ziemlich furchterregend und stark aus. Die hatte Herr Schlickerborn offenbar mit der Bewachung des Geldes betraut, das tatsächlich im Innern der Kutsche lag, und zwar wohlverwahrt in einer großen grünen Truhe. Diese öffnete Herr Schlickerborn mit einem sonderbar geformten Schlüssel ...

Eduard war ihm nicht gefolgt, sondern hatte es vorgezogen, den beiden starken Burschen, die ihn misstrauisch musterten, weit vom Leibe und im Schutz der Haustür zu bleiben. Er lehnte sich müde gegen die Wand und fand seinen Traum nun plötzlich gar nicht mehr so schön, sondern nur noch anstrengend. Lange konnte er sich auf gar keinen Fall mehr auf den Beinen halten! Wenn nur Herr Schlickerborn bald mit den hundert Talern käme. Ob er auch an die fünfzehn Taler dachte, die er ihm als Schadenersatz für die Beschädigung der Treppe und der Tür versprochen hatte? Das wären insgesamt einhundertundfünfzehn Taler!

„Ich bin ein Millionär", seufzte Eduard, der, wie bereits gesagt, vom Wert des Geldes so gut wie keine Ahnung hatte. „Ich bin ein Millionär ..."

Da kam Herr Schlickerborn zurück. Er trug eine große schwere Tasche, in die er vorher Geldscheine und Münzen aus der grünen Truhe gefüllt hatte.

„So", sagte er, indem er die Tasche öffnete. „Jetzt sollen Sie Ihren wohlverdienten Lohn erhalten!"

Er zog neun dicke Geldbündel hervor und drückte sie Eduard in die Hände, und da er sie nicht alle halten konnte, klemmte er ihm auch einige unter den linken Arm.

„In jedem Bündel sind hundert Scheine zu hundert Talern", erklärte er in geschäftsmäßigem Ton. „Das macht 90 000 Taler insgesamt. Und jetzt kommen die blanken Silbertaler ..."

Eduard Wormbüdel hielt sich nur mit allergrößter Anstrengung aufrecht. Die Knie waren ihm inzwischen weich geworden wie Gänseschmalz.

Genug!, wollte er schreien, jetzt habe ich genug geträumt! Wo soll denn das hinführen? Der Traum macht mich noch ganz verrückt!

Da holte Herr Schlickerborn einen mittelgroßen und sehr schweren Ledersack aus der Tasche und stellte ihn mit einem Ruck auf die Türschwelle.

„Hier sind die restlichen zehntausend Taler", sagte er zur Erläuterung. Dann fügte er lachend hinzu: „Sie können natürlich nachzählen, aber das dauert ziemlich lange. Verlassen Sie sich auf mein Wort. Es sind wirklich genau zehntausend drin! Im ganzen also, wie vereinbart, einhunderttausend Taler!"

„Einhundert ... einhundert ...", murmelte Eduard ganz benommen. Er hatte doch nur hundert verlangt.

„Jaja, einhunderttausend!", sagte Herr Schlickerborn und nickt mehrmals. „Einhunderttausend wie vereinbart."

„Wie vereinbart ... bart ... bart ...", flüsterte Eduard. Er war sich nicht sicher, ob sein Kopf noch am richtigen Platz saß. Er konnte ihn auch nicht anfassen, weil er die Geldbündel in den Händen und im Arm hielt. So schüttelte er ihn probeweise. Herr Schlickerborn, missverstand diese Bewegung.

„Ist es nicht genug?", fragte er. Und als Eduard weiter den Kopf schüttelte, bald seitwärts, bald von oben nach unten, was Herr Schlickerborn als Nicken auffasste und damit als Bejahung seiner Frage.

„Ja, wieviel wollen Sie denn noch?", erkundigte er sich und wurde ein bisschen ärgerlich.

„Nein, nein!", rief Eduard erschrocken. „Ich will nicht mehr! Wir wollen es so machen, wie wir es vereinbart haben!"

„Na, prima! Ein Mann, ein Wort!", sagte Herr Schlickerborn vergnügt, und er hielt ihm ein Papier hin. „Sie brauchen nur zu unterschreiben, dann gehört mir Ihre Erfindung und Ihnen das Geld, die einhunderttausend Taler ..."

„Dann gehören mir die einhunderttausend Taler! Mir! Mir!" Eduard lachte plötzlich. Weshalb sollte er sich einen schönen Traum verscherzen? Er war in seinem Leben nie ein Spielverderber, und jetzt wollte er erst recht kein Traumverderber sein. „Na schön", sagte er deshalb, nachdem er genug gelacht hatte, „na schön, ich unterschreibe!" Er legte die Geldbündel beiseite, nahm den Federhalter, den ihm Herr Schlickerborn reichte, und - unterschrieb, indem er vor sich hin murmelte: „... hunderttausend Taler erhalten zu haben. Ja, das stimmt. Da hat ja nun alles seine Ordnung!"

„Fein, Herr Wormbüdel", erklärte Herr Schlickerborn zufrieden. „Jetzt scheint Ihnen auch wieder wohler zu sein! Das freut mich für Sie! Ja, und wenn Sie wieder etwas erfunden haben, dann wenden Sie sich nur vertrauensvoll an mich!"

Eduard schmunzelte.

„Mach' ich", sagte er frohgemut und drückte die ausgestreckte rechte Hand von Herrn Schlickerborn, der sich schon abwenden wollte, als ihm noch etwas einfiel. Er wandte sich also wieder um und sagte: „Ach, richtig! Das hätte ich doch fast vergessen. Sie bekommen ja noch die fünfzehn Taler für die Reparaturen in Ihrem Hause!"

Ehe sich Eduard dessen versah, wurde ihm die Hand mit den Talern gefüllt.

„Das ist doch nun wirklich nicht nötig", sagte er, denn bei hunderttausend Talern kam es ihm jetzt nicht mehr auf die fünfzehn Taler an.

„Doch! Doch! es muss alles seine Richtigkeit haben!", meinte Herr Schlickerborn. Er war ehrlich entrüstet. „In Geldsachen muss man genau sein, lieber Wormbüdel, sonst bringt man's zu nichts! Und nun leben Sie wohl! Adieu! Und machen Sie bald einmal Urlaub. Sie haben ihn nötig!"

Eduard nickte bloß. Gleich ist der Traum vorbei, dachte er bekümmert, und mit dem Traum ist natürlich auch das Geld weg. So rasch er konnte, raffte er die Geldbündel vom Boden auf, drückte es fest an sich und lief die Treppe hinauf. In seiner Kammer wollte er das Ende des Traums abwarten!

Nun geschah es aber, dass er zu hastig ins Zimmer stürmte. Unversehens stolperte er über die Trümmer der zerbrochenen Tür und schlug hin. Sein Kopf prallte heftig auf das brüchige Holz. Das ganze Haus erbebte in den Grundfesten. Eduard lag eine Minute wie betäubt da. Als er endlich den Kopf heben konnte, las er die Worte: «Herzlichen Glückwunsch!».

„Danke", murmelte Eduard. Es klang nicht sehr begeistert.

Ächzend richtete er sich auf. Sein Kopf brummte, und an der Stirn schwoll sofort eine Beule an. Nichts hätte ihn mehr davon überzeugen können, dass sein Traum ausgeträumt war, als diese Beule. Zugleich verspürte er auch wieder grimmigen Hunger.

„Adieu, hunderttausend Taler! Adieu, Herr Schlickerborn!", seufzte er. „Der Traum ist zu Ende. Leider. Geblieben ist nur eine Beule am Kopf ..."

Doch was war das? Eduard durchlief ein heißer Schauer. Mit weit aufgerissenen Augen starrte er auf ein Bündel Geldscheine. Und dort lag noch ein zweites, gleich daneben ein drittes ... Und überall verstreut lagen auch einzelne Scheine. Lauter Hunderttalerscheine. Und hinter der Badewanne sah er noch mehr Bündel!

Eduard drehte sich wie ein Kreisel herum. Doch wohin er auch blickte, in jedem Winkel der kleinen Kammer lag Geld, und als er sich mit der einen Hand über die Stirn strich, fielen klirrend die Taler auf die Erde. Im nächsten Augenblick flitzte er umher und las das Geld auf. Dabei rief er:

„Oh Wunder! Oh Wunder! Ich habe nicht geträumt! Es ist alles wahr! Hurra, jetzt bin ich der reichste Mann auf der Welt!"

Er legte die Geldbündel sorgfältig nebeneinander auf sein Bett. Doch er konnte sich ihres Anblicks nicht so recht erfreuen, zu mächtig war sein Hunger, zu laut knurrte sein Magen. Eduard besann sich nicht lange. Er stopfte die blanken Taler in die Hosentasche und eilte aus der Kammer. Zum Bäcker wollte er! Doch auf der Treppe kehrte er wieder um. Er konnte doch das viele Geld nicht einfach herumliegen lassen! Wie leicht konnte ein Dieb kommen und es stehlen! Eduard war richtig niedergeschlagen, als er das bedachte. Kaum hat man Geld, kommen schon die Sorgen! Aber sein Verlangen nach frischen Brötchen wurde immer mächtiger. Und eine Leberwurst wollte er sich auch kaufen.

„Frische Brötchen ... Leberwurst!", rief er, während er aufgeregt hin und her lief. „Frische Brötchen ... Leberwurst! Leberwurst und frische Brötchen ..." Und da fiel ihm nun der leere Karton ein, der nebenan im Bodenraum stand. Jawohl, den konnte er jetzt gut gebrauchen! Sekunden später war die Spinne obdachlos geworden, weil Eduard ihr

175

kunstvolles Netz zerstörte, als er den Karton wegzog und aufhob. Die großäugige Fliege folgte ihm summend ein Stück des Weges, ließ sich dann aber ermattet auf einem Balken nieder, wo sie gleich einschlief. Eduard kümmerte sich nicht weiter um sie, sondern packte eilig die Geldscheine in den Karton, klemmte ihn sich unter den Arm und verließ die Kammer.

Die Treppenstufen knarrten und knisterten verdächtig. Knatternd bildeten sich Risse in den Wänden. Kalk rieselte von der Decke. Schließlich wankte das ganze Haus. Doch das beunruhigte Eduard überhaupt nicht.

„Frische Brötchen ... Leberwurst!" sang er vor sich hin. „Leberwurst und frische Brötchen ..." An der Haustür stockte er. Da versperrte ihm doch irgend etwas den Weg nach draußen! Eduard schielte neben dem Karton in die Tiefe. Ja, und da sah er den Ledersack mit den restlichen zehntausend blanken Talern. Um ein Haar wäre er über ihn gestolpert und vielleicht noch einmal hingeschlagen. Jetzt machte er einen Schritt zur Seite, hielt aber erneut inne. Was sollte er mit dem Sack tun? Da war guter Rat teuer!

Als es im Haus wieder zu rumoren begann, packte er ihn kurz entschlossen und zog ihn auf den Weg nach draußen. Dann wurde ihm schwindlig. Er taumelte, stolperte und konnte sich schließlich nur dadurch aufrecht halten, dass er sich gegen die Hauswand lehnte. Diese Belastung hielt sie aber nicht aus. Gefährlich schwankte das ganze Haus hin und her. Eduard sprang noch weiter zurück. Und das geschah gerade noch rechtzeitig, denn krachend und splitternd stürzte es im nächsten Augenblick in sich zusammen. Eine Staubwolke breitete sich aus und hüllte die Trümmer wie in einen Schleier. Aber ganz vornan lag, gut erkennbar, mit der Schrift nach oben, das Schild mit der Inschrift «Herzlichen Glückwunsch!».

„Danke", murmelte Eduard mit betrübtem Gesicht. Meine schöne Erfindung, dachte er, die DachschadenregentropfenauffangundAbflussapparatur, sie ist hin! Und es war doch eine so gelungene Erfindung, ganz einfach und überaus wirkungsvoll! In seinem Kummer achtete er nicht darauf, wie eine große rötliche Spinne unter einem Dachbalken hervorkroch und hastig davoneilte, gefolgt von einer Fliege, die so lustig surrte, als hätte sie sich in der Zwischenzeit so richtig ausgeschlafen.

Eduard kam erst durch eine kräftige Stimme wieder zu sich.

„Herr Wormbüdel, das haben Sie großartig gemacht! Ich gratuliere Ihnen. Jetzt ist endlich diese Bruchbude von der Bildfläche verschwunden. Herr Wormbüdel, Sie sind nicht nur ein Erfinder, Sie sind auch ein vorbildlicher Bürger unserer Stadt! Alle Achtung!"

Der das sagte, war kein anderer als der Gendarm! Und obwohl das Lob eigentlich unverdient war, wurde Eduard rot vor Stolz wie eine Tomate.

„Oh, ich ... ich tue immer, was ich kann!", sagte er dann, als handelte es sich um eine Kleinigkeit, die er jeden Tag ein paar Mal vollbrachte. „Einen schönen guten Tag, Herr Gendarm!" Dann eilte er, so rasch er dies mit dem schweren Karton tun konnte, davon. Der Hunger beflügelte seine Schritte, und er hatte es ja auch nicht weit. Da stand er schon im Laden.

„Ein Dutzend Brötchen, bitte!" sagte er und zog einen blanken Taler hervor. Die Bäckersfrau riss die Augen auf, als sie das Geld sah. Nicht weniger staunte der Fleischer, bei dem Eduard kurz darauf eine pralle Leberwurst erstand. Mit lässiger Handbewegung holte er wieder einen Taler hervor, obwohl er ja inzwischen genug kleines Geld hatte.

Aber ein bisschen angeben wollte er schon! Wer kann ihm das verdenken?

„Vermutlich", sagte er, „können Sie den Taler wechseln? Mir ist gerade das Kleingeld ausgegangen!"

„Aber sicher kann ich Ihren schönen Silbertaler wechseln", versicherte der Fleischer eifrig. „Schließlich geht mein Geschäft gut, und ich hoffe auch sehr, dass ich Sie in Zukunft zu meinen besten Kunden zählen darf!"

„Oh ja, das wird sich machen lassen", sagte Eduard hoheitsvoll. „Ich bin mit Ihnen zufrieden, vielen Dank! Leider sieht meine allerneueste Erfindung nicht sehr schön aus, aber sie ist ungemein praktisch!"

„Neueste Erfindung?", fragte der Fleischermeister. „Was meinen Sie damit, Herr Wormbüdel?"

„Na, hier, sehen Sie doch!", erwiderte Eduard strahlend und wies auf seinen staubigen Karton. „Das ist das größte Portemonnaie, das es je gab. Da passt wenigstens was rein!"

„Ohhh, ohhh, Sie sind wohl sehr reich geworden", stotterte der Fleischer. „Dann sind Sie kein armer Schlucker mehr wie bisher?"

„Oh nein, ich bin jetzt vielfacher Millionär!", versicherte Eduard, der den Wert des Geldes ja noch immer nicht richtig einzuschätzen wusste. „Da staunen Sie, was? Da sind Sie ganz baff, wie? Und demnächst werde ich mir ein neues Haus bauen, wenn's recht ist! Das alte habe ich eben eingerissen!"

„Eingerissen? Sie allein?"

„Natürlich! Schließlich bin ich doch ein Erfinder, und Erfinder sind nun mal eben in allen Lebenslagen erfinderisch. Ein Druck genügte, und da war es hin ..."

„Soso, da war es hin …", wiederholte der Fleischer und sah dabei gar nicht gescheit drein. Doch Eduard klemmte sich den schweren Karton wieder unter den Arm, nahm seine Leberwurst, biss hinein und stolzierte aus dem Geschäft.

Zunächst setzte er sich auf eine Bank hinter dem Rathaus und aß voller Wohlbehagen zwei Brötchen und den größten Teil der Leberwurst. Seinen Durst löschte er am Brunnen, aus dem damals noch ganz klares Quellwasser sprudelte. Dann aß er noch ein Brötchen und den Rest der Wurst. Schließlich blickte er sich zufrieden um, krempelte sich die Ärmel hoch und überlegte, was er als nächstes tun wollte. Da sein Blick auf ein Geschäft gerade gegenüber fiel, in dem es «Kleidung für Damen und Herren» gab, beschloss er, sich eine Hose und eine Jacke sowie ein paar Hemden, das nötige Unterzeug und drei Paar Strümpfe zu kaufen.

Als er mit seinem Pappkarton und den Tüten beladen aus dem Laden kam, wusste er, was er als nächstes kaufen würde. Das wurde ihm auch dadurch erleichtert, dass nur zwei Häuser weiter ein Stellmacher seine Waren auf offener Straße feilbot, darunter einen kleinen Handwagen, wie geschaffen für seinen Karton und die Tüten! Schon hatte er ihn erworben. Und nun brauchte er drittens für die Nacht ein Dach über dem Kopf, also ein Zimmer im Gasthaus.

Damit war der Augenblick gekommen, dass Eduard Wormbüdel den Gasthof «Zum armen Ritter» betrat, der unweit des Marktplatzes aus schönem Fachwerk gebaut war und Blumenkästen vor jedem Fenster hatte. Der Wirt beäugte ihn zunächst misstrauisch, weil Eduard tatsächlich etwas von einem armen Ritter an sich hatte, so schmuddelig und schlecht gekleidet, wie er war, und mit einer großen Beule am Kopf. Doch als er ein wenig mit seinen Talern in der linken

Hosentasche klimperte und sagte, er würde so lange bei ihm wohnen, bis sein neues Haus fertig wäre, da ging alles sehr schnell. Er erhielt ein hübsches Zimmer mit rotkariertem Bettbezug und weißen Gardinen am Fenster, das zum Markt blickte.

Eduard zeigte sich zufrieden, zahlte zwei Taler als Vorschuss und machte sich noch einmal mit seinem Handwagen auf den Weg, denn er fürchtete um die Sicherheit seines Pappkartons mit dem vielen Geld. Er kaufte sich unterwegs eine Mütze, einen bunten Wollschal, ein Buch über den Erwerb und eines über den Bau eines Hauses. Und schließlich betrat er eine Musikalienhandlung und erwarb bei einer sehr netten und freundlichen Verkäuferin eine Geige. Er staunte selbst darüber, weil er gar nicht Geige spielen konnte. Aber er spürte so etwas wie ein Kribbeln in der Magengegend, als er in den Laden spähte, in dem die verschiedensten Musikinstrumente ausgestellt waren.

Auf seine Bitte hin hatte die nette Verkäuferin einige kleine Stücke auf der Geige vorgespielt, zuletzt einen Walzer, um den er gebeten hatte. Als er den Laden schließlich verließ, fragte er sie, ob sie jemanden wüsste, bei dem er demnächst Geige spielen lernen könnte, wenn ihm danach sei. Da blickte sie ihn, wie er fand, merkwürdig, aber mit einem angenehmen Leuchten in den Augen an und erwiderte, er könne ja zu ihr kommen, wenn ihm danach sei. Sie würde ihm dann schon soviel beibringen, wie er brauchte, um selbst einen Walzer spielen zu können. Eduard wurde darüber ganz warm ums Herz. Er verabschiedete sich dann aber ganz schnell, winkte ihr noch einmal zu und zog mit seinem Wägelchen vondannen, fest entschlossen, schon bald das Geigenspiel zu erlernen.

„Einhunderttausend Taler ...", sang er unterwegs, und wie im Takt holperte der Handwagen hinter ihm her. „Einhunderttausend Taler sind in diesem Portemonnaie, sind in diesem Portemonnaie ...“

Die Leute blieben stehen und blickten ihn verwundert an. Sie kannten ihn doch. War er nicht der Erfinder, der nie Geld hatte, ein armer Schlucker, der in einer Bruchbude wohnte? Als sie nun seinen Gesang hörten, in dem immerzu von hunderttausend Talern die Rede war, tippte sich mancher verstohlen an die Stirn.

„Der arme Kerl scheint ganz durcheinander zu sein“, meinte eine Frau mitleidig und schickte ihre Tochter los, die ihm einen Heller schenken sollte wie einem armen Musikanten. Eduard war ganz gerührt, steckte dem Mädchen als Zeichen seines Dankes einen Taler in die Tasche, winkte der Mutter zu, die herüberblickte und sang von neuem:

„Einhunderttausend Taler ... Einhunderttausend Taler sind in diesem Portemonnaie, sind in diesem Portemonnaie ...!“

Kurz vor Erreichen des Gasthofs hörte er, wie zwei Frauen über ihn sprachen und wie eine gerade die andere fragte: „Was soll denn das heißen: Sind in diesem Portemonnaie?“

„Er meint den alten Pappkarton“, kicherten zwei kleine Jungen. „An dem hängen noch Spinnweben. Da fehlt bloß noch die Spinne!“

Sie konnten ja nicht wissen, dass sich die Spinne längst davongemacht hatte.

„Wieso soll denn der alte Karton ein Portemonnaie sein, wenn der arme Kerl doch überhaupt kein Geld hat“, erwiderte die andere Frau. „Das wissen doch alle, dass der Eduard Wormbüdel alles mögliche erfinden kann, nur kommt er nie zu Geld. Der ist doch ein Spinner!“

Eduard kümmerte sich nicht um das Gerede. Er war aus vielerlei Gründen viel zu glücklich, als dass er sich über irgend etwas hätte ärgern können. Nun fiel es ihm aber ein, noch einmal in die Pfeifen-gasse zu gehen, wo er nachdenklich den Schuttberg betrachtete, der von seinem Haus übrig geblieben war.

Da nahm er sich vor, in den nächsten Tagen zu einem Baumeister zu gehen. Vorher wollte er nur noch die Bücher über den Hausbau und den Hauserwerb lesen. Vielleicht fiel ihm dabei gleich noch etwas ein, was er erfinden könnte. Gleich am nächsten Morgen wollte er in jedem Fall den größten Teils des Geldes zur Bank bringen. Dann brauchte er sich keine Sorgen mehr zu machen! Und obendrein bekam er noch Zinsen.

In der Wirtsstube des Gasthofs aß er später gut zu Abend, trank wohl auch ein Bier oder sogar zwei, lud auch die Männer, die am selben Tisch saßen, zu einem Gläschen ein. Bevor er in seine Stube hinaufging, fuhr er sich wohlgefällig über beide Wangen, spürte sein noch immer glattes Kinn und sagte: „Gut rasiert ist gut gelaunt, liebe Freunde! Ich habe dafür gesorgt, dass ihr in Zukunft ohne große Mühe immer gute Laune habt! Denkt daran, was ich euch sage, und nun wünsche ich allen eine gute Nacht!"

Natürlich verstanden ihn die Männer nicht, denn von der großarti-gen Erfindung hatte er ihnen nichts erzählt. Nur der Wirt wusste Bescheid, doch hatte er versprechen müssen, den Mund zu halten. Der Pappkarton stand längst in seinem Zimmer, und bevor sich Eduard endgültig schlafen legte, warf er noch einen Blick auf die Geldbündel, von denen er noch eines beiseite legte. Das Geld wollte er für gute Zwecke stiften, für das Waisenhaus, den Kindergarten und das Alters-heim.

Dann dauerte es nicht mehr lange, da stand eines Tages ein Verkäu-fer auf dem Markt. Vor ihm auf dem Tisch lagen sie nun, die kleinen, silbrigen, wunderbaren Apparate zur Entfernung der Barthaare.

„Meine Damen und Herren!", rief der Verkäufer. „Der Rasierapparat des großen und berühmten Erfinders Eduard Wormbüdel, hier ist er! Kommen Sie, sehen Sie, staunen Sie. Dieser Apparat ist einfach wie jede geniale Erfindung! Er ist einzigartig in der Welt! Meine Herren, in Zukunft gibt es keine schlechte Laune mehr. Wer sich diesen Apparat kauft, ist nicht nur gut rasiert, sondern auch immer gut gelaunt, und wer, meine Damen und Herren, will nicht gut gelaunt sein? Kommen Sie, meine Damen, und kaufen Sie den wormbüdelschen Rasierapparat für Ihren Herrn Gemahl: Sie werden sehen, dass es sich lohnt!" Und nach einer Pause fügte er den Spruch hinzu, den Herr Schlickerborn und Eduard in der Dachkammer ersonnen hatten: „Der Bart wächst wie das Gras, Rasieren macht jetzt Spaß."

Es ist kaum zu beschreiben, wie die Leute herbeiströmten. Es gab ein tolles Gedränge. Bald war die ganze Stadt auf den Beinen, um für Onkel, Opa, Vater, Bruder das Wunderding zu kaufen, das die ersten inzwischen längst ausprobiert und für gut befunden hatten. Mit einem Schlag, so schien es, nahm die gute Laune zu. Es wurde gelacht und gesungen und getanzt, und die Kinder schrien, bis sie heiser wurden: „Der Bart wächst wie das Gras, Rasieren macht jetzt Spaß!"

Einige Monate später bezog Eduard sein neues Haus, das er an derselben Stelle errichten ließ, an der das alte gestanden hatte, die Bruchbude. Wenn Eduard einkaufen ging, nahm er manchmal seinen alten Pappkarton mit. Niemand hielt ihn deswegen noch für verrückt.

„Das ist sein Portemonnaie", flüsterten die gut gelaunten Bürger, wenn sich ein Fremder danach erkundigte. „Einhunderttausend Taler waren da mal drin! Stellen Sie sich vor: Einhunderttausend Taler ..."

Erst viele Jahre später schenkte Eduard diese ungewöhnliche Geldbörse dem Wirt des Gasthofs «Zum armen Ritter», der bald darauf umbenannt wurde und den Namen «Zum reichen Wormbüdel» erhielt. Hier wird sie den Gästen noch heute zu später Stunde gezeigt. Da geht der Wirt in eine Kammer, die keine Fenster und nur eine Tür hat und deshalb einbruchssicher ist, legt den Karton auf ein silbernes Tablett und trägt ihn mit feierlichem Gesicht in den Gastraum, wo alsbald ein fast ehrfürchtiges Raunen einsetzt, obwohl der Karton noch schäbiger aussieht als einstmals. Wenn man genau hinsieht, kann man noch einige Spinnenfäden erkennen. Ich habe alles selbst gesehen! Es ist fast unglaublich!

Richtig! Das hätte ich ja fast vergessen. Natürlich muss noch erwähnt werden, dass Eduard schon bald nach seinem ersten Besuch die Musikalienhandlung erneut betrat, den bunten Wollschal um den Hals geschlungen, die Mütze kess auf die Seite gezogen. Seitdem nahm er Geigenunterricht bei der netten und so überaus freundlichen Verkäuferin, die er bald Judith nennen durfte oder ganz kurz: Jutta. Dass sie zusammen glücklich wurden, braucht man wirklich nicht zu erfinden!

DER

Königreichschlucker

Der Königreichschlucker

Schwein muss man haben! Wer das sagt, meint: Tüchtigkeit allein genügt nicht. Es ist immer auch etwas Glück nötig. Das ist das eine. Aber es genügt nicht nur, Schwein zu haben. Es muss manchmal schon ein Schwein wie Egon sein! Das ist das zweite. Egon, von dem im Folgenden zu berichten ist, war kein x-beliebiges Schwein, sondern ein echtes Staatsschwein. Es war ungewöhnlich zart und rosig und wog acht Zentner.

König Theodor Alexander III., dem das Schwein und vieles andere mehr gehörte, hatte einen sehr tüchtigen Oberaufseher, der Egon sowie drei Ziegen, zwei Hähne und sechsundzwanzig Hühner betreute und diesen Dienst mit großem Eifer und echter Hingabe versah. Der König schenkte ihm deshalb auch viel Wohlwollen.

Eines schönen Morgens stand nun der Oberaufseher noch früher auf, als die Pflicht es verlangte, nämlich noch früher als die Hühner. Sein Lieblingshahn krähte zum ersten Male, da verließ der Oberaufseher schon das Haus. Er wollte gern einmal den Sonnenaufgang beobachten. Die Sonne ging an diesem Tag pünktlich um vier Uhr und siebenunddreißig auf. Sie blinzelte ein paar Mal unsicher über die fernen Berge, weil dort der Wald wie ausgefranst in den Himmel ragte. Nun krähte auch der zweite Hahn, der der ältere von den beiden war. Und da brach die Sonne grell über den Bergen hervor, so dass sich der Oberaufseher schnell die Hand vor seine Augen halten musste. Und im selben Augenblick hatte er zum ersten Mal an diesem Tag ein ungutes Gefühl.

„Herr Oberaufseher", sagte er zu sich selber, weil er zum einen gern mit sich selbst sprach, und zum anderen, weil er sich dabei nicht weniger gern mit dem Titel anredete. „Herr Oberaufseher, heute geschieht noch ein Unglück!"

Doch war von diesem Unglück weit und breit noch nichts zu sehen. So genoss er ungestört, wenn auch mit einem flauen Gefühl in der Magengegend, den weiteren Anstieg der Sonne, die sich durch nichts aufhalten ließ. Keine Wolke trübte den Himmel.

Schließlich ging der wackere Mann, über den man nichts Schlechtes denken darf, auch wenn er gern mit sich selbst sprach und sich dabei zudem mit dem Titel anredete, auf geradem Weg zu Egon in die königlichen Ställe. Egon grunzte zufrieden, als er ihn sah, und so vergaß der Oberaufseher für einige Zeit sein ungutes Gefühl. Darüber verging die Zeit.

Früh um zehn erschien König Theodor Alexander III. im Thronsaal, um zu regieren. Er regierte vormittags immer von zehn bis elf Uhr und nachmittags noch einmal von drei bis vier Uhr. An diesem Morgen empfing er zunächst der Reihe nach sein ganzes Volk, obwohl das Volk recht zahlreich war. Mit Egon zählte es, die Säuglinge und Kleinkinder, die bei dem Morgenempfang zu Hause blieben, abgerechnet, insgesamt einhundertundvierzehn Köpfe. Es gab aber keine Klagen, keine Forderungen, nicht einmal Wünsche. So reichte der König allen die Hand, wünschte jedem einen guten Morgen, und dann war es auch schon halb elf. Die zweite halbe Stunde regierte der König dann allein weiter. Zu seiner Erholung verließ er schließlich kurz nach elf

Uhr mit seiner Tochter, Prinzessin Mimmi, das Schloss wie an jedem Morgen um diese Zeit, um mit ihr das Pustespiel zu spielen. Seit wenigstens fünfzehn Jahren spielten sie das täglich von elf bis halb zwölf, außer dass jemand von ihnen Schnupfen hatte oder einen schlimmen Zeh.

Der König stellte sich dabei auf den Berg an der Westgrenze des Königreiches und holte Luft. Dann pustete er. Und genau eine Minute später traf die Puste auf dem Berg an der Ostgrenze bei Prinzessin Mimmi ein. Dann pustete sie die Puste wieder zurück, was schon eine eigene Kunst ist. Wer dergleichen schon selbst probiert hat, weiß das! Und so geübt sie auch waren, es klappte durchaus nicht immer. So wie ein Ball, der nicht gut gezielt oder vom Wind verweht wird, kann eben auch die Puste danebengehen. An diesem Tag erwischte die Prinzessin zwar die Puste des Königs, ihres Vaters, und blies sie zurück, doch brauchte sie auf dem Rückweg genau eine halbe Minute länger als auf dem Herweg. Das lag nicht an der Prinzessin, auch nicht an Egon oder an dem Unglück, das in der Luft lag, sondern Schuld daran war der Westwind. Der König pustete mit seiner Hilfe schnell, während die Prinzessin gegen den Wind blasen musste, was viel schwerer war.

Beide pusteten natürlich aus Leibeskräften. Höhepunkt des Spiels aber war es, wenn sich die Pusten auf halbem Wege treffen sollten, genau über dem Schloss. Da gab es dann manchmal einen richtigen Donnerschlag! So kräftig waren die Puster des Königs und der Prinzessin.

Als der Oberaufseher kurz vor halb zwölf diesen Donner hörte, freute er sich zunächst, weil das Spiel so gut geklappt hatte, dann aber brach sich wieder das ungute Gefühl Bahn.

„Herr Oberaufseher", sagte er bedrückt zu sich, „Herr Oberaufseher, heute geschieht bestimmt noch ein Unglück!"

Und tatsächlich geschah nun auch etwas. Genauer gesagt: Es geschah gleich dreierlei ziemlich dicht hintereinander. Zunächst geschah folgendes: Prinz Felix, der Sohn des Königs, der das Pustespiel albern fand und lieber im Schlossgarten nach Goldklumpen buddelte, schrie jählings auf. Er schrie so laut, dass der Oberaufseher den königlichen Schweinestall verließ. Er eilte an den Rosenstöcken vorüber, die in voller Blüte standen, und kam gerade zurecht, um zu sehen, wie der Prinz ein halbes Dutzend Goldklumpen beiseite rollte, die er eben beim Buddeln gefunden hatte. Einige waren so groß wie Fußbälle, andere wie Pflastersteine. Nur wenige waren kleiner.

„Du meine Güte!", rief der Oberaufseher, als er das sah. „Lasst das Zeug doch bloß, wo es ist! Wir haben doch genügend Pflastersteine!"

Prinz Felix guckte ihn ganz komisch an, und da hatte er zum dritten Mal das ungute Gefühl, so dass er nicht mehr an sich halten konnte. Er rief: „Herr Oberaufseher, jetzt kommt gleich das Unglück!"

Und da geschah das Dritte: Es knallte wieder, weil die Puste der Prinzessin Mimmi erneut mit der Puste des Königs über dem Schloss zusammengestoßen war. Zugleich aber sah der Oberaufseher den Boten! Er kam auf einem silbernen oder goldenen Pferde, so genau war das nicht zu erkennen. Jedenfalls glänzte es hell in der Sonne. Der Bote, vor dem sich alle fürchteten, kam also herangeritten oder herangesprengt.

Sobald der Oberaufseher das sah, rief er: „Herr Oberaufseher, jetzt ist das Unglück da!" Und er begann zu zittern, weil er wusste, was das bedeutete, wenn ein solcher Bote herangesprengt kam. So sprengten nur die Boten des Großen Königs, den man auch den Königreichschlucker nannte, weil er unaufhörlich fremde Königreiche schluckte oder klaute, wie das Volk sagte. Jeder König, zu dem ein solcher Bote kam, wusste sofort: Heute, wusste er, wird mein Königreich geklaut, nein!, geschluckt, denn ein König nimmt das Wort klauen nicht einmal dann in den Mund, wenn er selbst geklaut wird.

„Heute", rief der Oberaufseher, „wird unser schönes Königreich vom Königreichschlucker geschluckt! Oh, welch ein schreckliches Unglück!"

Inzwischen war der Bote herangesprengt. Er ritt den Oberaufseher fast um, nahm dann seine silberne oder goldene Peitsche und schlug sie ihm um die Ohren. So machten es die Boten des Königreichschluckers immer!

„He, Lümmel", rief er dabei. „He, Lümmel, wo ist denn euer komischer König Theodor Alexander der soundsovielte?"

Der Oberaufseher hörte, wie Egon in den königlichen Ställen aufschrie oder aufgrunzte, als der Bote in dieser ungezogenen Weise von Seiner Majestät dem König sprach. Er erwiderte nach kurzem Besinnen:

„Seine Majestät ist beschäftigt." Und erläuternd fügte er noch hinzu: „Zusammen mit seiner Tochter, der Prinzessin Mimmi." Das stimmte ja auch. Der Bote wurde trotzdem wütend. Er schwang abermals seine silberne oder goldene Peitsche und rief:

„Dann sage diesem Nichtsnutz ..." Nichtsnutz nannte er den König! „Sage diesem Nichtsnutz, dass mein unvorstellbar großer und unvorstellbar gütiger König geruhen werden, um ein Uhr hier einzutreffen, um dieses schäbige Königreich in sein liebevolles Herz zu schließen!"

„In sein liebevolles Herz zu schließen" , sagte er tatsächlich! Und er meinte damit in Wahrheit, dass der allseits gefürchtete und über alle

Maßen mächtige, grausame und gierige Königreichschlucker um ein Uhr auch dieses Königreich mir nichts dir nichts schlucken oder klauen wollte. Ehe der Oberaufseher etwas erwidern konnte, schrie Egon erneut auf. Dann krachte es. Die königlichen Ställe wankten. Gleich darauf sah man Egon mit gesträubten Borsten davonjagen.

„Egon!", rief der Oberaufseher, „Egon!" Er merkte dabei gar nicht, wie der Bote über ihn hinweg und wieder fortsprengte. Aber in diesem Augenblick trat König Theodor Alexander III. in den Schlosshof. Er hatte alles von dem Berg an der Westgrenze mit angesehen und auch mit angehört. Das war auch gut so, denn der Oberaufseher konnte nur stammeln:

„Egon ist fort! Der Königreichschlucker kommt!"

„Dieser Schuft!", rief Prinz Felix ergrimmt, während er einem der Goldklumpen einen Tritt versetzte, der sich wegen seines großen Gewichts aber nicht von der Stelle rührte. Allein Felix bewegte sich, denn kaum hatte er den Goldklumpen mit dem Fuß berührt, sprang er vor Schmerz in die Höhe, wiederholte aber zugleich: „Dieser Schuft! Er will unser schönes Königreich klauen!"

„Dem werd' ich was pusten!", zürnte Prinzessin Mimmi, die von dem Berg an der Ostgrenze herabgelaufen kam. „Ich lasse mich nicht einfach klauen!"

„Ach, meine lieben Kinder", sagte der König traurig. „Widerstand ist völlig zwecklos! Die Lage ist sehr ernst, denn bisher hat dieser Räuber alle Königreiche geraubt, die er rauben wollte. Unser Königreich ist das 254. oder 255., das er raubt!"

„Klaut!", rief Prinz Felix wütend, obwohl es jetzt auf das Wort wirklich nicht ankam.

Unterdessen war das ganze Volk herbeigeströmt. Alle 113 Einwohner standen um den König herum. Mit den Säuglingen und Kleinkindern, die sie mitgebracht hatten, waren es sogar 159 und mit Egon 160!

„Wir sind verloren!", sagten einige. „Wir sind verloren!"

„Noch nicht", erwiderte der Prinz. „Schließlich haben wir noch eine Stunde Zeit!"

„Ich puste diesen Kerl um!", drohte Prinzessin Mimmi erneut. „Uns kann er nicht einfach stehlen!"

„Man wird uns schlagen ...", murmelte einer.

„Man wird uns verjagen ...", sagte ein anderer.

„Man wird uns in Ketten legen", seufzte ein dritter. „So ist es allen Völkern ergangen!"

„Wir werden geschlagen! Wir werden verjagt!", riefen dann alle, und sie waren ebenso verzweifelt wie ratlos.

Da hatte Prinz Felix plötzlich eine Idee.

„Wie wäre es", sagte er, „wenn wir diesem Räuber die Goldklumpen gäben, die ich eben ausgegraben habe? Vielleicht verzichtet er dann darauf, uns zu klauen!"

„Mein lieber Sohn", antwortete der König betrübt. „Erst nimmt er unser Gold. Dann nimmt er uns. Das Gold kann uns nicht retten."

„Das ist ein riesengroßes Unrecht!"

„Wir sind friedliche Menschen!", riefen einige. „Wir haben nie jemandem etwas zuleide getan! Und wir haben einen so guten König, wie man ihn selten oder nie findet!"

„Darum hat sich der Königreichschlucker nie gekümmert", erwiderte der König. „Er gönnt uns den Frieden nicht und auch nicht die Luft, die wir atmen. Er gönnt meiner Tochter das Pustespiel nicht, und unserem Egon missgönnt er das Futter. Aber gegen diesen Räuber ist

bisher noch kein Kraut gewachsen! Er ist stärker als alle Waffen!"
Seufzend fügte er hinzu: „Und wir haben nicht einmal Waffen ..."

Die Zeit verging. Die Sonne stieg höher. Es wurde zwölf Uhr fünfzehn. Noch immer stand das Volk im Schlosshof um den König herum. Prinz Felix hatte sich auf seine Goldklumpen gesetzt. Prinzessin
Mimmi flüsterte hin und wieder vor sich hin: „Ich puste ihn um! Ich
puste ihn um!"

Da rief plötzlich Prinz Felix, und er schnellte dabei in die Höhe: „Ich
hab's! Wir brauchen nur einen Zauberer! Der verzaubert den Königreichschlucker einfach in eine Maus oder in eine Ratte oder in eine
Schnecke ..."

„Aber, Felix, heute gibt es doch keine Zauberer mehr", sagte der
König und lächelte.

„Ja, aber früher gab's doch welche!"

„Ja, früher ...", sagte einer aus dem Volk. Er zog die Stirn kraus und
überlegte angestrengt. Schließlich meinte er: „Jetzt erinnere ich mich,
dass mein Großvater mir einmal von einem Zauberer erzählt hat, der
hier gelebt haben soll."

„Das ist richtig", stimmte der König zu. „Doch das hilft uns auch
nichts!"

„Vielleicht doch!", rief ein Mann eifrig. „Nicht wahr, der Zauberer
hat doch auch einen Zauberstab besessen?"

„So ist es! Ich weiß sogar, wie er aussah!" Erwartungsvoll blickte
das Volk auf seinen König. „Er sah aus wie ein Besenstiel! Aber was
kann uns das helfen?"

„Viel, Herr König, sehr viel!", erwiderte der Mann. „Ich denke
nämlich so: Wenn auch der Zauberer verschwunden ist, dann muss
doch sein Zauberstab nicht gleichfalls verlorengegangen sein!"

„Hurra!", rief das Volk. „Das ist ein großartiger Gedanke. Wir müssen den Zauberstab sofort suchen!"

„Ja, wenn ihr meint ...", sagte der König mit traurigem Lächeln, und er entließ sein Volk. Schon eine Viertelstunde später waren alle wieder da. Jeder hatte drei oder vier Besenstiele in der Hand, weil doch der Zauberstab wie ein Besenstiel ausgesehen hatte.

Ja, und da stand nun das brave Volk vor seinem König und wies die vielen Besenstiele vor. Und niemand wusste, was nun geschehen sollte. Im besten Falle konnte ja wirklich einer der Besenstiele der gesuchte Zauberstab sein. Doch wie sollte man herausfinden, welcher es war?

Da bemächtigte sich des Volkes eine große Niedergeschlagenheit. Die einen kratzten sich mit dem Besenstiel am Kopf, die anderen am Fuß und wieder andere am Rücken oder am Bauch, je nach dem, wo es gerade juckte. Die übrigen stützten sich matt auf ihre Besenstiele. Den König jammerte sein Volk sehr.

„Meine lieben Freunde", sagte er. „Ihr wollt den Bösewicht verzaubern oder wegzaubern. Aber wisst ihr denn, welcher Besenstiel der Zauberstab ist? Ich weiß es nicht. Und selbst wenn wir es wüssten", fuhr der König mit trauriger Stimme fort, „bliebe uns ja noch immer die nötige Zauberformel verborgen. Ich kenne sie nicht!"

Das Volk ließ die Köpfe hängen, und einer nach dem anderen schlich sich beiseite und stellte seinen Besenstiel an die Wand des Schlosses. Und dann setzten sie sich alle im Schatten der Rosenstöcke nieder. Niemand sprach.

Erst nach einer ganzen Weile stand der Oberaufseher auf, obwohl ihm alle Glieder wehtaten, weil doch der Bote des Königreich-schluckers ihn geschlagen hatte und anschließend über ihn hinweggeritten war. Als er stand, guckte er zu den Bergen an der Westgrenze hinüber, dann zu den Bergen an der Ostgrenze. Auch Prinzessin Mimmi stand auf und starrte auch auf die Berge. Schließlich erhoben sich alle, aber sie sahen nichts. Es war ja auch erst zehn Minuten vor eins. Sie hatten also noch zehn Minuten Zeit.

„Wo mag Egon hingerannt sein?", murmelte der Oberaufseher vor sich hin. „Ob er überhaupt noch lebt?"

„Macht Euch nur keine Sorgen um Egon", beruhigte ihn der König. „Ihr habt ihn immer gut gepflegt, und ich war immer sehr mit Eurer Arbeit zufrieden, Herr Oberaufseher. Aber Egon weiß sich nun auch bestimmt zu helfen. Ihr müsst jetzt nicht mehr an ihn denken ..."

In diesem Augenblick nahm Prinz Felix die Goldklumpen und rollte sie wieder in die Grube hinein, aus der er sie kurze Zeit zuvor erst herausgeholt hatte. Mit dump-
fem Knall plumpsten sie hinein. Und als sie schließlich alle hineinge-plumpst waren, nahm Prinz Felix seine Schaufel und schaufelte die Grube wieder zu. Zum Schluss trampelte er die Erde fest.

„Wenigstens die Gold-klumpen soll der Königreichschlucker nicht haben!", sagte er, in der Hoffnung, ihm blie-ben sie verborgen, was

man aber natürlich nicht wissen konnte.

Nach einigem Schweigen ließ sich der König wieder vernehmen:

„Mein liebes Volk", sagte er, „liebe Freunde, Frauen, Männer und Kinder, alt und jung. Es ist üblich, dass ein König sein Volk vor allen Gefahren schützt. Das habe ich ja bisher auch während meiner ganzen Regierungszeit getan. Aber vor dem Königreichschlucker und seinen Gesellen kann ich euch nicht beschützen. Bisher hat er alle Königreiche geschluckt, die er haben wollte. Niemand wusste ein Mittel gegen ihn, denn an Gewalt ist der Räuber allen anderen weit überlegen. Doch das sage ich euch als letztes: Eines Tages wird er seine verdiente Strafe empfangen, und wir werden wieder frei sein. Jetzt aber können wir nichts anderes mehr tun als inständig hoffen, dass im letzten Augenblick noch etwas geschieht ..."

Längst waren ihnen allen Tränen in die Augen gestiegen. Prinzessin Mimmi sprangen sie richtig hervor, während sie rief: „Ich werde diesen Räuber umpusten! Ich werde ihn umpusten!" Aber der eine wie der andere versicherte ihr, dass auch ihre stärkste Puste nicht ausreichen würde. Darüber wurde sie so traurig, dass sie mit einem Male nicht einmal mehr weinen konnte. Da rückten nun alle etwas näher zusammen. Ganz dicht saßen sie beieinander, der König in der Mitte, und sie guckten sich an, so wie man sich nur dann anguckt, wenn man sich lieb hat. Und sie hatten einander alle lieb.

„Wir werden das nie vergessen!", sagte König Theodor Alexander III. mit fester, königlicher Stimme. „Was immer auch geschehen mag! Der übermächtige Königreichschlucker mag uns schlucken, stehlen, klauen oder rauben, vergessen werden wir einander doch nie!"

„Nie! Nie! Nie!", riefen alle, und es klang wie ein feierliches Versprechen.

Da schallte plötzlich von der Westgrenze Trompetengeschmetter herüber. Der König, die Prinzessin, Prinz Felix und das gesamte Volk standen auf, gaben sich die Hände und traten vor das Schloss. Sie sahen sogleich, wie oben auf den Bergen viele Menschen umherliefen. Eine Schar schwerbewaffneter Reiter löste sich aus diesem Gewimmel und kam den Berg herabgesprengt. Vor allen anderen sprengte ein dicker Mann in einer rotgoldenen Uniform, die vorn von oben bis unten mit goldenen und silbernen Orden besetzt war. Die Orden reichten sogar bis zu den Füßen herab. Das sah man aber erst, als er schon nahe herbeigekommen war. Das war der Königreichschlucker! Doch das war noch nicht alles. Er hatte noch erheblich mehr Orden. Sie reichen auch hinten von oben bis unten. Nur der Hosenboden war freigelassen, weil er sonst ja nicht richtig sitzen konnte. Natürlich fand das niemand komisch und lachte gar darüber.

Der mächtige Königreichschlucker kam nun direkt auf den König zugesprengt. Hinter ihm folgten andere Reiter im Galopp, andere dagegen, sogar die meisten, folgten nur zögernd oder sogar widerwillig, als täten sie das nur aus Angst vor Strafe. Nun aber hielt der Königreichschlucker inne und redete den König und sein Volk so an:

„Dies, meine lieben Freunde, ist ein großer Tag!" Er redete in einem widerwärtigen und gönnerhaften Ton. „Ich komme zu euch, um euch wie auch schon viele andere in mein Herz zu schließen, denn ich habe geruht, euch diesen Gefallen zu tun. Eure Freude ist auch meine Freude, euer Jubel ist auch mein Jubel! Welch herrlicher Tag! Welch glückliche Stunde! Hurra! Hurra!"

Während der Königreichschlucker so sprach, standen alle still da und sagten auch nichts, als er geendigt hatte. Sogleich verfinsterte sich die Miene des gewalttätigen Räubers, und er starrte sie der Reihe nach mit seinen blassblauen Glubschaugen an, als wollte er in sie hineinschauen oder sie mit seinen Blicken durchbohren.

Da holte Prinzessin Mimmi plötzlich tief Luft und pustete und pustete, aber der Königreichschlucker fiel nicht von seinem Pferd herunter. Nur die Orden klimperten. Das war alles. Der Räuber grinste verächtlich. Dann sprang er vom Pferd und stellte sich breitbeinig auf.

„He!", brüllte er, während drei oder vier Reiter, unter denen sich auch der Bote befand, ihre Peitschen zur Hand nahmen. „He, wer von euch Lumpengesindel ist denn der Nichtsnutz von König?"

Seine Majestät König Theodor Alexander III. zuckte bei dieser unverschämten Rede zusammen. Dann trat er jedoch einen Schritt vor und sagte ruhig, aber sehr bestimmt:

„Diese Menschen sind ebenso friedliche wie fleißige Menschen und kein Lumpengesindel, und ich bin ihr König!"

„Blablablabla ...", erwiderte der Königreichschlucker geringschätzig und winkte lässig mit der linken Hand. Drei Reiter sprangen von ihren Pferden und packten den König, als sei er ein Paket, das verschnürt werden sollte. Der Königreichschlucker nahm gemächlich eine schwere eiserne Kette aus der Satteltasche, reichte sie einem der Reiter und sagte höhnisch zum König:

„Diese feine Kette habe ich Euch mitgebracht, mein allerliebster König Nichtsnutz, damit Ihr Euch immer meiner erinnert!"

Auf einen neuerlichen Wink hin fesselten die beiden Reiter den König. Da versuchte es die Prinzessin noch einmal. Sie pustete aus Leibeskräften, doch die Mühe war wieder vergeblich. Nur die Orden klimperten wieder leise, wie von einem leichten Wind bewegt. Das war alles. Der Königreichschlucker grinste verächtlich und blickte die Prinzessin an, dass es ihr eiskalt den Rücken herunterlief, so als berührte sie ein glitschiger Fisch.

In diesem Augenblick war es um die Fassung des Prinzen Felix geschehen. Ehe ihn jemand zurückhalten konnte, sprang er vor, um dem Bösewicht einen tüchtigen Schlag zu versetzen. Aber ehe er zuschlagen konnte, hatten ihn die Reiter gepackt und um seinen Hals und seine Arme eine besonders schwere Kette geschlungen. So war auch er gefangen.

Inzwischen hatte sich der Königreichschlucker wieder breitbeinig aufgestellt. Er lächelte schadenfroh, wobei seine blassblauen Glubschaugen ebenso unheilvoll funkelten wie seine Orden.

„Ich danke euch für euren Jubel!", sagt er mit frecher Stimme. „Ja, dies ist ein Tag der Freude für uns alle! Ihr habt euch stets nichts sehnlicher gewünscht, als von mir in mein großes königliches Herz geschlossen zu werden! Das ist nun endlich geschehen. Ach, ich kann euch gar nicht sagen, wie sehr ich euch alle liebe! Dies ist ein herrlicher Tag! Dies ist eine glückliche Stunde! Hurra! Hurra!"

Da geschah gleich zweierlei zur selben Zeit. Der Königreichschlucker hatte noch gar nicht ausgesprochen, da knisterten die Balken im Schloss, weil sie sich bei den Lügen des Königreichschluckers bogen. Die Besenstiele zersplitterten in tausend Stücke. Während das Schloss aber zum Glück stehenblieb und die Balken - wenigstens zunächst einmal - wieder ihre alte Form annahmen, brachen die königlichen Ställe in sich zusammen, weil sie überwiegend aus Holz erbaut waren.

Aber dieses Ereignis war gar nicht so bemerkenswert wie das zweite. Vor allem der Oberaufseher hielt den Atem an. Es konnte einem aber auch wirklich den Atem verschlagen, wenn man miterlebte, was

jetzt geschah! Egon, das prachtvollste und zarteste Achtzentnerschwein der Welt, betrat den Schlosshof. Der Oberaufseher erblickte
ihn erst, als er schon hinter dem Königreichschlucker stand. Mit seiner
üppigen Schnauze schnüffelte er an den blanken Orden, wobei er hin
und wieder leise, wie missbilligend, vor sich hingrunzte. Dann pflück-
te er gemächlich und in aller Gemütsruhe einige goldene Orden von
den Hosenbeinen des Königreichschluckers ab, als seien sie Himbee-
ren oder Brombeeren oder welche Beeren auch immer! Und zwar
geschah das genau in dem Augenblick, als dieser rief: „Hurra! Hurra!"

Dem Oberaufseher war sterbenselend zumute, als das letzte „Hurra!" verklang und Egon erneut nach einem Orden langte und ihn
abzupfte, ganz vorsichtig und behutsam, aber doch gleichsam mit
großem Eifer. Diesmal musste der Königreichschlucker etwas bemerkt
haben, denn er fuhr sich mit der rechten Hand geschwind über den
Hosenboden. Und da tatschte er unversehens auf Egons üppige und
sehr feuchte Schnauze. Wie von einem Peitschenhieb getroffen, fuhr er
herum und prallte erschrocken zurück, als er das liebliche Schwein
erblickte, ein Staatsschwein ohnegleichen! Egon grunzte zufrieden
und tänzelte dann mit einer erstaunlichen Leichtigkeit um den Königreichschlucker herum, stupste ihn hier und stupste ihn dort und rupfte nebenbei mehrere silberne Orden ab.

Der Oberaufseher, der König und das gesamte Volk erwarteten,
dass die Reiter nicht lange fackeln würden, um Egon zu erdolchen, zu
durchspießen und in Stücke zu zerschneiden. Doch die rührten sich
überhaupt nicht. Starr und fassungslos stierten sie auf Egon, als sei er
ein Wesen von einem anderen Stern und nicht bloß ein Schwein. Und
was tat der Königreichschlucker? Er schien zunächst überhaupt nicht
zu wissen, was er tun sollte. Erst nach geraumer Zeit wedelte er unge-

duldig mit seiner rechten Hand, als wollte er eine Fliege verjagen oder eine Mücke. Als Egon erneut nach einem Orden schnappte, trat er ärgerlich einen Schritt zurück. Endlich schien er zu bemerken, dass alle zu ihm hinstarrten. Da gab er sich einen Ruck und wollte mit einer großspurigen Geste das rosige Tierchen beiseite schieben. Egon zeigte sich davon aber überhaupt nicht beeindruckt. Er watschelte gemächlich um den Königreichschlucker herum und rupfte mit freudigem Grunzen wenigstens ein Dutzend Orden auf einmal ab, die alsbald zusammen mit den anderen den Boden bedeckten wie welkes Laub.

Und jetzt schien es so, als verlöre der Räuber endgültig den Überblick und seine Ruhe. Er drehte sich immer rascher im Kreise und wedelte immer aufgeregter mit seinen Händen, um Egon abzuwehren. Dann und wann tippelte er mit kurzen Schritten vorwärts oder rückwärts, schnitt Grimassen, als wollte er das riesige Schweinchen auffressen mit Haut und Haar. Dann vollführte er auch Luftsprünge von beträchtlicher Höhe. Doch das half alles nichts. Egon wich nicht von der Stelle, sondern zupfte und rupfte und pickte Orden um Orden von der Uniform ab, die an einigen Stellen schon aussah wie ein kahler Baumstamm.

Und nun geschah erneut etwas Unerwartetes. Die ganze Zeit über hatten alle dagestanden wie Eiszapfen, starr und bewegungslos vor Angst, denn in jedem steckte die Angst wie klirrender Frost. Als nun aber Egon beharrlich und eifrig um den Königreichschlucker herumwatschelte, der nur hilflos mit den Armen herumruderte, da tauten sie einer nach dem anderen auf wie unter einem warmen Sonnenstrahl. Es war auch zu komisch, wie der allmächtige und furchtbare Königreichschlucker sich abplagte, die schlabbernde und wabbelnde

Schnauze Egons von sich abzuhalten. Er sah aus wie ein Zirkusclown. Und da begann es.

Zunächst lachten zwei kleine Kinder, ein Mädchen und ein Junge, dann lachten ihre Eltern. Im Handumdrehen waren es zehn, zwanzig Väter, Mütter, Großeltern, Onkel und Tanten, und schließlich donnerte ein Gelächter los, als ob alle Kanonen der Welt auf ein Kommando hin einen Freudensalut abschössen. Es kam fast allen, die dabei waren, so vor, als fiele es ihnen wie Schuppen von den Augen, so dass sie plötzlich sehen konnten. Denn nun erschien ihnen der mächtige und furchterregende Königreichschlucker gar nicht mehr so mächtig und furchterregend. Im Gegenteil! Er wirkte geradezu lächerlich, wie er immer ängstlicher und hilfloser von einem Bein auf das andere hüpfte und mit den Händen herumfuchtelte, ohne damit etwas erreichen zu können. Jetzt sah er nur noch aus wie ein ganz armer Schlucker!

Anfangs schien er überhaupt nicht zu bemerken, dass die Menschen über ihn lachten. Wer dergleichen bisher gewagt hatte, war in den Kerker geworfen worden, wenn nicht gar Schlimmeres geschah. Um so fassungsloser war er, als er die Wahrheit erkannte! Er hielt mitten in einem Sprung inne und starrte auf das Volk und dann auf seine Reiter, als wären sie von Sinnen, und er müsste sie allesamt in Ketten legen. Er blieb einen Augenblick bewegungslos stehen, strich sich dann mit fahrigen Händen über die Uniform, pustete auch einen Fussel vom Ärmel und richtete sich zu seiner vollen Größe auf, um sich ein würdevolles Aussehen zu verleihen. Vor seiner Begegnung mit Egon wären alle Menschen in einem solchen Augenblick zweifellos verstummt. Niemand hätte gewagt, auch nur ein Wort zu sagen, geschweige denn zu lachen. Jetzt aber kümmerte sich niemand mehr darum. Das Gelächter nahm sogar noch zu!

Der Königreichschlucker setzte mehrfach an, um etwas zu sagen, doch der Anblick der lachenden Menschen musste ihm die Sprache verschlagen haben. Er brachte kein Wort, keinen Ton hervor, so oft er auch Luft holte. Und da merkte er schließlich, dass es mit ihm vorbei war, weil sie alle ihre Angst vor ihm verloren hatten. Da wandte er sich um und stürzte Hals über Kopf vondannen. Egon aber grunzte vergnügt und setzte ihm mit großen Sprüngen nach, als sei er ein Windhund und kein Achtzentnerschwein!

Wie nun der Königreichschlucker so kopflos davonrannte, so schnell ihn seine Füße trugen, kam er den Zurückbleibenden nur noch vor wie eine dicke Kugel, die mit großer Geschwindigkeit und hoffentlich auf Nimmerwiedersehen davonrollte. Das Einzige, was noch an ihn erinnerte, waren die vielen Orden, die auf der Erde herumlagen.

Sobald der Bösewicht verschwunden war, befreite das Volk seinen König und Prinz Felix von ihren Fesseln. Und dann fielen sie sich alle in die Arme. Die Luft war erfüllt vom Jubel der Menschen weit und breit, der sich über alle 254 oder 255 Königreiche ausbreitete, die der Königreichschlucker im Laufe der Jahre geschluckt, gestohlen und geklaut hatte. Die wenigen Freunde des Räubers, zu denen auch der Bote gehörte, der den Oberaufseher geschlagen, und der dann über ihn hinweggesprengt war, machten sich derweilen heimlich aus dem Staube. Man ließ sie laufen oder reiten, je nach dem, da sie ja nun keinen Schaden und kein Unheil mehr anrichten konnten.

Eines aber nahmen sie sich nun alle vor: Vor Königreichschluckern und anderen bösen Schluckern wollten sie in Zukunft keine Angst mehr haben. Falls sich jemals wieder einer blicken lassen sollte, so wollten sie ihn von Anfang an auslachen. Gelächter verträgt auf Dauer kein Bösewicht! Davon hatte sich ja nun das ganze Volk überzeugen können. So war also doch ein Kraut sogar gegen Königreichschlucker gewachsen! Ohne Egon hätten sie allerdings wohl nie entdeckt, welche Zauberkraft im Lachen steckt. Allein durch sein Auftreten waren sie um soviel klüger geworden!

Als Egon am nächsten Tag in das Königreich zurückkehrte, empfing ihn natürlich ein unbeschreiblicher Jubel. Im Triumphzug geleitete ihn das Volk, angeführt von König Theodor Alexander III., Prinzessin Mimmi und Prinz Felix zum Schlossplatz, wo allerhand Leckerbissen aufgehäuft waren. Die hatte Egon aber auch wirklich nötig, denn er war in der kurzen Zeit unbeschreiblich abgemagert. Er wog allerhöchstens noch sieben Zentner. Einen ganzen Zentner hatte er bei seiner anstrengenden Verfolgungsjagd verloren. Man konnte also schon fast seine Rippen hervortreten sehen!

Der Oberaufseher fiel Egon tatsächlich um den Hals.

„Da haben wir ja wirklich Schwein gehabt!", rief er ein über das andere Mal. „Ein schier unglaubliches Glück. Wir sind nicht vom Königreichschlucker geschluckt worden, sondern frei geblieben! Oh, ich habe immer gesagt, Schwein muss man haben, ein Schwein wie unseren Egon!"

„Hurra!", rief das ganze Volk. „Hurra!", riefen auch der König und Prinz Felix wie aus einem Munde. Prinzessin Mimmi aber pustete einmal so richtig aus tiefstem Herzensgrunde und rief dann ebenfalls: „Hurra!" Und das ganze Hurra-Geschrei war so laut, dass es von den Bergen widerhallte und sich über dem Schloss traf wie die Puste des Königs und der Prinzessin, wenn sie das Pustespiel spielten. Die Echos erzeugten, als sie nun zusammenstießen, ein Spektakel wie bei einem Feuerwerk.

Als das Hurra-Geschrei und das Geknalle und Getöse überhaupt nicht enden wollte, schlich sich Prinz Felix heimlich davon. Er huschte in den Schlossgarten, ergriff den Spaten und grub - sage und schreibe! - die Goldklumpen wieder aus. Egon brauchte doch einen neuen Stall, da der alte ja zusammengestürzt war, als sich bei den Lügen des Königreichschluckers die Balken hier gar zu sehr bogen, so dass sie zersprangen wie die vielen Besenstiele.

Es war natürlich ganz leicht, die Goldklumpen wiederzufinden und sie zum zweiten Mal ans Tageslicht zu holen. Doch zeigte sich nun, dass sie gar nicht glänzten, was vorher in der Aufregung niemandem aufgefallen war. Der lehmige Boden klebte an ihnen fest wie angeleimt, so dass Felix beschloss, sie umgehend zu reinigen. Er holte einen Eimer Wasser, Seife, eine Wurzelbürste und einen Lappen und verpasste jedem Goldklumpen eine ordentliche Spezialwäsche. Es dauerte auch nicht lange, da glänzten sie miteinander um die Wette.

Und noch heute kann man sie zwischen den Steinen des neuen Stalls erblicken, wenn sie mittags ins helle Sonnenlicht geraten.

Sendetermine

Die in diesem Buch enthaltenen Märchen und Geschichten wurden jeweils in einer 30-minütigen Hörspielversion im Programm des RIAS-Kinderfunks Berlin zu folgenden Terminen gesendet:

Der Sandriese 03.01.1968

Sebastian, der Regenmacher
  (Sendetitel: Der Regenmacher) 25.05.1960, 23.06.1965

Otto, der Klabautermann
  (Sendetitel: Klabautermann und Kapitän) 03.11.1965

August Amadeus Fischmoll 11.07.1959, 15.01.1964

Das Fräulein mit dem erhobenen Zeigefinger 06.07.1960, 04.08.1965

Professor Schote und die Heinzelmännchen
  (Sendetitel: Professor Helfehilfe und die Heinzelmännchen)
  04.02.1956, 27.04.1957, 28.03.1960, 17.08.1966

Einhunderttausend Taler 13.01.1960, 27.01.1965

Der Königreichschlucker 17.01.1962, 14.02.1968

Hörerbriefe

Berlin-Charlottenburg
8. Mai 1958

Der R. Kdfunk brachte am 18.4. früh 10 Uhr eine hübsche Geschichte „vom Besuch d. Großmutter" [*gemeint ist „Der Schreck in der Abendstunde"*]. Da ich zum Dienst mußte, konnte ich sie leider nicht zu Ende hören. Nun hätte ich gern gewußt ist das ein Buch? Wo ist es zu haben? u. s. w. Da ich gern d. Buch kaufen möchte, würde ich mich sehr freuen, wenn Sie mir alles nähere mitteilen würden.

Ich höre sogern Ihre Geschichten u. KdGören, sowie Onkel Tobias u. s. w. u. möchte meinen Enkelk. recht viel davon erzählen. Ich finde d. Sendungen recht nett u. recht gut geeignet zur Erziehung d. Kinder, u. zum Jungbleiben d. Alten.

Besten Dank i. voraus
versichert Ihnen Elly Kozlik

Charlottenburg d. 15.5.1958

Sehr geehrter Herr Schiller,
vor Rührung bin ich noch ganz hingerissen, als ich vom Dienst kam u. Ihre lieben
Zeilen nebst Zubehör las. Ich muß immer fort denken, „Na gibt's denn sowas auch
noch?" Und so ein Genie wohnt i. Zehlendorf, „sonderbar".

Vor allen Dingen erst mal meinen innigsten Dank. Meine Freude kann ich Ihnen
nicht beschreiben, so groß war sie. Sie werden lachen, auch die 2. Geschichte habe
ich im Rias gehört. In ähnlicher Situation, hatte dabei denselben Gedanken, leider
damals nicht ausgeführt. Doch das Schicksal geht seltsame Wege. Es mußte eben
erst auf Umwegen geschehen. Es war mir ein Herzensbedürfnis, das Gehörte lesen
zu können, u. zu bewahren, für später!

Doch nun frage ich Sie, warum lassen Sie diese guten Sachen nicht vervielfältigen.
Jeder Verlag nimmt doch d. Auftrag an, vielleicht wäre auch eine Möglichkeit beim
„Dennoch Verlag". Das sind Menschen mit Herzensbildung u. fühlen die Feinheiten
Ihrer Geschichten doch ganz anders, weil diese Menschen „Innenleben" haben.
Haben Sie d. Anschrift? Sonst würde ich Sie Ihnen besorgen. Ich nehme an, daß Sie
noch mehr solche guten Geschichten haben, vielleicht ist auch die „Briefmarken-
geschichte" von Ihnen? Also das würde doch ein herrliches „Jugendbuch" werden.
Ich selbst würde schon etliche Exempl. kaufen zum Verschenken an Bekannte, weil
es mir Freude macht, so wie Ihnen, anderen Freude zu machen.

Solche Filme müssten f. d. Jugend gedreht werden, dann würde manches anders
aussehen. Haben Sie keine Lust, dem Film d. Geschichten vorzulegen? Es lohnt sich
bestimmt, oder Fernsehen? Doch ich glaube, Sie werden meine Naivität belachen, u.
denken, dass tue ich schon! Doch Hand aufs Herz. Bescheiden brauchen Sie wirklich
nicht sein, Sie haben das Zeug dazu, ein wichtiges Drehbuch zu schreiben. Ich kann
Ihnen die Anschrift schicken, nur momentan habe ich Sie nicht zur Hand. Vor allen
Dingen nochmals herzl. Dank für Ihre gr. Mühe u. d. gr. Freude, die Sie mir gemacht
haben.

Mit freundlichen Grüßen
Ihre Elly Kozlik